学校では教えてくれない戦国史の授業
裏切りの秀吉 誤算の家康

井沢元彦

PHP文庫

○本表紙図柄＝ロゼッタ・ストーン(大英博物館蔵)
○本表紙デザイン＋紋章＝上田晃郷

「戦国史の見直し」——まえがきに代えて

この本は、姉妹編とも言うべき『学校では教えてくれない戦国史の授業』の、言ってみれば「その1」の続きである。

「その1」は、戦国時代はなぜ始まったのかというところから、その戦国時代に大きな区切りをつけた織田信長までを扱ったわけだが、今回はその戦国を完全に終わらせた豊臣秀吉と徳川家康が主役である。

「その1」にも書いたことだが日本人は意外に戦国時代のことを知らない。大河ドラマなどで何度も扱われているにもかかわらず、である。つまり「知ってるつもり」になってしまっている。たとえば豊臣から徳川へ大きく時代が変わった「関ヶ原の戦い」のことも、「その2」である本書の重要なテーマなのだが、少し考えていただきたい。関ヶ原と言えば誰でも知っているのは、その戦いは一日で終わったということだ。もちろんそれ以前に前哨(ぜんしょう)戦とも言うべき戦いがいくつかあり、関ヶ原はその総決算として見るべきだという考え方もある。しかし、よくよく考えてみると関ヶ原で確かに石田三成は負けたが、その時点で西軍総大将の毛利輝元と支配下にあった毛利軍団は健在で、しかも日本一堅固な城である大坂城に「錦の御旗」豊臣秀頼とともに籠城していたのである。

それゆえに、軍略に通じた黒田官兵衛や真田昌幸は、戦いはさらに続くと考えていた。大坂城はこれより十五年後の大坂夏の陣で確かに陥落したが、あれは家康が謀略で外堀内堀を埋めてしまったからである。逆に言えばそんな謀略にさえ引っかからなければ、十数万の大軍が攻め寄せても落とせる城ではない。その事実は皮肉なことに前年の大坂冬の陣で証明された。だが、この時点でも大坂城は大軍で攻めてもビクともしない城だという常識はあった。つまり黒田官兵衛たちの見通しの方が正しかったはずなのだ。しかし、多くの日本人は関ヶ原の戦いですべて終わったと思いこんでいる。

おわかりだろう。「教科書」のどこかがおかしいのだ。そして、おかしいのはここだけではない。そういう視点から戦国史、特に秀吉・家康周辺を見直したのがこの「その2」であるとご理解いただきたい。

二〇一七年九月

井沢元彦

学校では教えてくれない戦国史の授業
裏切りの秀吉　誤算の家康

◆目次

第一章　「秀吉マジック」はなぜ成功したのか
――信長の後継者にのし上がった秀吉の権謀術数

第二章　教科書が教えない秀吉の真実
――織田家潰しの「裏切り者」は、なぜ人気者になれたのか

第三章

秀吉の失敗が家康の台頭を招いた

——教科書には書かれない豊臣政権崩壊の本当の原因

第四章 「関ヶ原」はなぜ一日で終わったのか
──石田三成ら西軍の失敗に学ぶ

第五章

「謀略の天才」家康の天下統一の謎

——三英傑が目指した「天下人」とは？

[加藤清正]
秀吉子飼いの猛将、賤ヶ岳の戦いで功績を挙げ、のちに肥後半国を与えられた。

[池田輝政] [黒田長政]
[細川忠興] [浅野幸長]

[加藤嘉明]

[福島正則]
秀吉子飼いの猛将、のちに秀吉の天下統一後には尾張清洲24万石の領主となった。

[脇坂安治]
[糟屋武則]
[平野長泰]
[片桐且元]

[仙石秀久]
秀吉の与力として姉川や賤ヶ岳で功を挙げ、讃岐を与えられたが、九州攻めでの不手際から所領を没収された。

七本槍

[黒田官兵衛]
如水。秀吉の参謀として天下統一に貢献したが、天正17年(1589)隠居した。

[蒲生氏郷]

秀吉の命を受けて警戒に当たる。

諸将・大名との調整役を務めていた秀長、利休らの死によって豊臣政権は揺らぎ始める。

[千利休] 1591年切腹！
堺の商人で茶の湯の名人。秀吉と諸大名との間を取り持った。

[羽柴秀長] 1591年死去！
秀吉の実弟。秀吉の名代として大きな権力を持った。

[蜂須賀正勝] 1586年死去！
功績により阿波一国が嫡子の家政に与えられた。

諸大名

[伊達政宗]
[最上義光]

[長宗我部元親]
[大友宗麟]
[島津義弘]
[真田昌幸]

[淀殿(茶々)]

[大蔵卿局]
[木村重成]
[秀頼]
[大野治長]

秀頼時代の大坂城指導者層

[真田信繁(幸村)]
[後藤又兵衛]
[毛利勝永]
[長宗我部盛親]
[明石全登]

織田家の人々

[織田常真(信雄)]
[織田有楽斎(長益)]
[織田秀信(三法師)]

愛娘・駒姫を入輿させる。

五大老

[徳川家康]

本能寺の変後、甲斐と信濃半国を手中に収め、秀吉に対抗したが、臣従。北条氏滅亡後、関東に移封された。

[前田利家]

豊臣政権の重鎮。賤ヶ岳の戦い後、秀吉に属し、能登・加賀豊臣政権の重鎮となる。

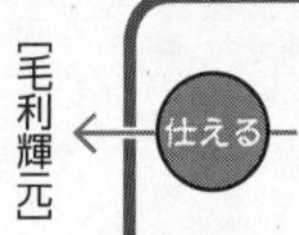

[毛利輝元]

[上杉景勝]

[宇喜多秀家]

仕える　[安国寺恵瓊]

仕える　[直江兼続]

親交

吏僚

五奉行

対立

[石田三成]

秀吉の吏僚。小田原攻めや朝鮮出兵の兵站に活躍した。

[前田玄以]

[長束正家]

[増田長盛]

[浅野長政]

盟友

[大谷吉継]

出自には謎が多い。内政面で秀吉を助けた。

[小西行長]

堺の豪商の子として生まれ、肥後半国を領する。

豊臣秀吉

三中老

五大老を補佐する職であるが、後世の創作とも言われる。

[生駒親正]

[中村一氏]

[堀尾吉晴]

家康への備えとして、東海道沿いに配置する。

[山内一豊]

姉川の戦いで武功を挙げ、秀吉に従って転戦。小田原平定後、遠江掛川城主となった。

[ねね]

養子

[秀俊]

[秀康]

[秀勝]

[秀次]

[秀勝]

[小早川隆景]

[秀秋]

入嗣

当初毛利家に入るはずであったが、小早川隆景が貰い受ける。

【秀次事件】

文禄4年(1595)、秀吉との間に不和が生じ、乱心として高野山に幽閉、自害を命じられる。

秀吉の勧誘を受けて天正13年(1585)、突如出奔。

[渡辺半蔵]
「槍の半蔵」の異名を取る猛将。

[石川数正]
三河時代からの重臣で、本能寺の変に際しては伊賀越えで家康を守るなどした。

[鳥居元忠]
慶長5年(1600)、関ヶ原の合戦を前に伏見城の守備を任され、西軍の攻撃を受けて討死した。

[大久保忠教]
大久保彦左衛門の名で知られる『三河物語』の作者。

[大久保忠佐]
家康のほとんどの戦いに従軍し沼津城主となった猛将。

[大久保忠世]
家康の父・広忠の代から仕え、関東移封後は小田原城主となった。

四天王

[本多忠勝]
三河一向一揆鎮圧戦や姉川の戦いなどで軍功を挙げ、武田軍との一言坂の戦いで奮戦し、その名は天下に轟いた。関ヶ原の戦いでは井伊直政とともに軍監を務め、政治力も発揮している。

[榊原康政]
三河一向一揆鎮圧戦で軍功を挙げ、姉川の戦いでは朝倉勢に側面攻撃をかけて崩壊のきっかけを作ったとされる。

[井伊直政]
天正3年(1575)から家康に仕え、武勲を重ねるなかで武田遺臣を多く付属させられ、「井伊の赤備え」を編成した。関ヶ原の戦いで島津勢を追撃中に負傷。戦後、近江佐和山城主となるが、この傷がもとで翌々年に没した。

信康の死を恨む?

[酒井忠次]
徳川家と深いつながりを持つ酒井家の当主で、家康の人質時代から仕えて各地を転戦し、関東移封前に引退した。

[信康]
[秀康](結城)
[秀忠](2代将軍)
[忠吉](松平)

築山殿事件に際し、信長の詰問を受けるも、弁明できず。

[大久保忠隣]
大久保忠世の嫡男で、姉川、三方ヶ原、長篠・設楽原、長久手などの戦いに参加した。秀忠のもとで幕政に参画するも、本多正信と対立し、慶長18年(1613)に失脚した。

隠密

[服部半蔵]

槍を持って数々の武功を挙げた。信康事件では介錯を任されている。関東入府後は伊賀同心を与えられ、半蔵門の警備を命じられた。

伊賀者

家康一行の伊賀越えを助けたという。幕府に召し抱えられた者は江戸城内の警備に当たった。

甲賀者

幕府開設後は、甲賀組与力などとして召し抱えられた者もあった。

経済集団

[藤堂高虎]

浅井家の家臣から秀吉、家康と主を変えた。築城の名手で、宇和島城、津城などの築城・改修に携わり、伊勢津藩初代藩主となった。

[大久保長安]

武田信玄に見出されて黒川金山開発などに携わった。武田家滅亡後、家康に仕えて甲斐代官、石見銀山奉行に抜擢された。

本多正信の陰謀により死後、不正蓄財が発覚し一族が処罰された。

政治官僚

京都所司代
[板倉勝重]

大老
[土井利勝]

徳川家康

[頼房](水戸藩)
[頼宣](紀伊藩)
[義直](尾張藩)
[忠輝](松平)

家康の参謀集団

[本多正信]

家康の参謀。三河一向一揆に際して一揆方に荷担。元亀元年(1570)に徳川家に復帰し、以降、家康の側近として用いられるようになる。幕府成立後、秀忠付となって徳川政権の基盤を固めた。

[茶屋四郎次郎]

公儀呉服師を世襲した京都の豪商。

[金地院崇伝]

臨済宗南禅寺の僧で、外交・思想政策における家康のブレーン。

[南光坊天海]

天台宗の僧で、大御所時代の家康に接近した。家康を大権現として祀るよう主張した。

[本多正純]

[林　羅山]
[藤原惺窩]

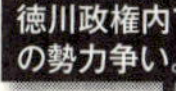

章扉写真：関ヶ原合戦図屏風〈左隻・部分〉
（大阪歴史博物館蔵）
相関図製作：小野寺勝弘
本文図版製作：株式会社ウエイド

第一章

「秀吉マジック」はなぜ成功したのか

信長の後継者にのし上がった秀吉の権謀術数

◇「信忠の失敗」が秀吉の天下取りの第一歩になった

天正十年（一五八二）六月二日、明智光秀による謀叛「本能寺の変」によって織田信長はその生涯を閉じました。

その後、信長の権力を引き継いで天下人となったのは、豊臣秀吉です。

歴史の教科書では、信長から秀吉への政権移行について、次のように記しています。

> 信長のあとを継いで、全国統一を完成したのは豊臣（羽柴）秀吉である。尾張に生まれた秀吉は、信長に仕えてしだいに才能を発揮し、信長の有力家臣に出世した。秀吉は、１５８２（天正10）年山城の山崎の合戦で、信長を倒した明智光秀を討ち、翌年には信長の重臣であった柴田勝家を賤ヶ岳の戦いに破って、信長の後継者の地位を確立した。
>
> （『詳説日本史　改訂版』笹山晴生・五味文彦他著・山川出版社）

信長を倒した明智光秀を討った秀吉が、信長の重臣であった柴田勝家を破って後継

豊臣秀吉（名古屋市秀吉清正記念館蔵）

者になったというのですが、この記述にはとても重要な事実が抜け落ちています。

それは、**本能寺の変で信長の血筋が絶えたわけではなく、信長の血を受け継いだ織田家の人間が複数いたにもかかわらず、家臣の秀吉が権力を受け継いだ理由**です。

本能寺の変で長男・信忠は命を落としていますが、次男・信雄と三男・信孝は無事でした。父と兄が死んだ場合、家督は生き残った直系男子が継ぐのが定石ですから、この場合なら、次男の信雄が織田家を継ぐのが普通です。

信長の息子たちが生き残っている中、**秀吉はどのようにして織田家の権力をすべて奪い取ったのか、この大切なところが、現在の歴史教科書には書かれていない**のです。

本能寺の変のとき、長男・信忠は、兵三〇〇〇人を引き連れて信長のいる本能寺からほど近い妙覚寺にいました。しかし妙覚寺には全員が宿泊できるスペースはなかったので、おそらく近くの町屋（民家）に分宿していたものと思われます。

本能寺と妙覚寺の距離は約一・二キロ。明智謀叛の知らせはすぐに信忠のもとに届きました。

明智軍一万七〇〇〇、対する信忠の手勢は分宿していた兵をすぐにかき集めても三〇〇〇。まともにぶつかっては勝ち目はありません。

しかし、幸いなことに明智光秀は妙覚寺を包囲していませんでした。つまり、信忠は逃げようと思えば逃げられたのです。

しかし、信忠は大きな判断ミスを犯します。妙覚寺を脱したにもかかわらず、隣接する二条御所（二条城）に移っただけで京都を離れようとしなかったのです。信忠はそのまま夜明けを迎え、本能寺を完全に灰燼に帰せしめた明智軍に二条御所を囲まれ、討死しているのです。

織田家のことを考えるなら、信忠は明智謀叛の一報が入ったときにすぐに逃げるべきでした。

本能寺の変に先立つ天正四年（一五七六）、信長は家督を長男・信忠に譲っています。実際の権力は信長が握っていましたが、正式な織田家の当主は信忠なのですから、信長が死んでも信忠さえ生き残っていれば、織田家は安泰だったからです。

この信忠の失敗が、秀吉の天下取りの第一歩となりました。

なぜなら、信忠の死によって、生き残った信長の二人の息子、信雄と信孝の間で跡目争いが生じたからです。

◇身動きが取れなかった織田家の部将たち

本能寺の変が起きたとき、織田家の大軍勢の中で最も近くにいたのは、大坂に集結していた信孝率いる四国討伐軍一万四〇〇〇でした。もしもあの日、信忠がすぐに動いてこの討伐軍に合流し、京の明智軍を討っていれば、秀吉の天下はなかったでしょう。

しかし、現実には信忠は動かず明智軍にむざむざ殺されてしまいます。

このことは信孝の軍にも多大な影響を与えました。

これまでの著作でも触れてきたことですが、織田軍の最大の特徴は、その多くがお金で雇った傭兵（ようへい）だということです。傭兵は農民兵と違い、季節を問わず軍を動かすことができるというメリットがありますが、同時に主君に対する忠誠心が薄いというデメリットもありました。このときはそのデメリットが大きく表に現れてしまいました。

明智光秀の謀叛によって信長・信忠親子が亡くなったという報が届くやいなや、傭兵たちは我先にと逃げ出してしまいました。

残ったのは信孝とその補佐を務める織田家の部将・丹羽長秀（にわながひで）直属の部下ぐらいです。この兵力だけでは信長を倒して勢いづく明智の大軍には到底敵（かな）いません。

こうして近くにいながら信孝も身動きが取れなくなってしまいました。

ここで、当時の織田家中（かちゅう）の部将たちがどこで何をしていたのかを確認しておきましょう。

織田軍団は、本能寺の変直前まで、重臣を旗頭（はたがしら）とする五つの「方面軍」と「軍団長」

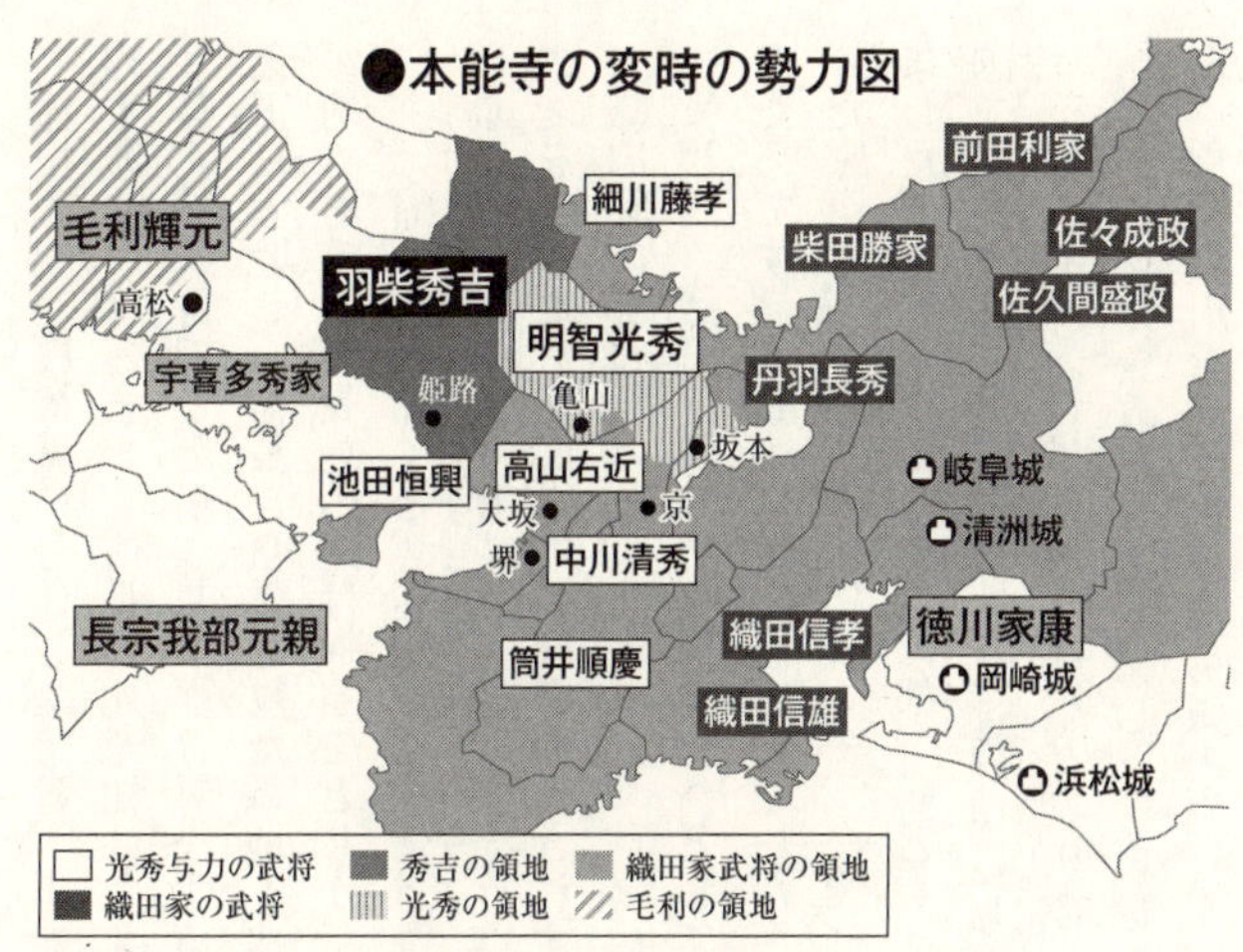

を擁するまでになっていました。北陸方面軍（柴田勝家）、近畿方面軍（明智光秀）、中国方面軍（羽柴秀吉）、関東方面軍（滝川一益）、四国方面軍（織田信孝・補佐役の丹羽長秀）です。

まず柴田勝家は、越中魚津城（富山県魚津市）で上杉軍と交戦中でした。前田利家と佐々成政も、勝家の配下として共に北陸方面の攻略に当たっていました。

滝川一益は、武田を滅ぼして手に入れた上野厩橋城（群馬県前橋市）に赴任したばかりでした。当時の織田家は関東の雄・北条家と平和協定を結んでいましたが、信長は滝川一益を置くことで、関東の押さえとし、いずれ北条攻略の布石とすることを考えていました。

滝川一益が厩橋城に赴任したのは、本能寺の変のわずか三カ月前です。領地を地固めする間もないまま、信長の死を知った北条軍に攻められることになりました。一益は優秀な武将でしたが、北条軍と対決するには時期が悪すぎました。結局、一益は北条軍に大敗し、信長から任された領地を捨て、兵の大半を失い、命からがらかつての領地である伊勢長島へ逃げ帰ることしかできませんでした。

逃げ帰ったと聞くと、滝川一益を情けない武将のように思うかも知れませんが、同時期に武田の遺領・甲斐国（山梨県）を与えられた織田家重臣の河尻秀隆は、本能寺の変を知った武田旧臣の一揆を抑えきれず命を落としているのです。

織田家の部将ではありませんが、信長の「盟友」徳川家康は、わずかな近臣と堺にいました。武田討伐の功をねぎらうとして信長に「京見物・堺見物」に招待されていたためです。信長の領地なら「安全」な所だとして無防備な状態で堺見物を楽しんでいた家康も、本能寺の変によって、一夜にして危険きわまりない状況に陥ってしまいました。結局家康も、少数の部下とともに山中に逃げ込み、道なき道を掻き分けて本国である三河（愛知県東部）に逃げ戻るしかありませんでした（伊賀越え）。

そして羽柴秀吉は、遠く離れた備中国（岡山県西部）で毛利方の武将・清水宗治の城「高松城」を攻撃していました。攻撃といっても交戦していたわけではありません。周囲の川をせき止めて、城の周りを囲んでいた深い沼地をまるで湖のように変え、城を半ば水没させるという一種の兵糧攻めにしていたのです。高松城の窮状に毛利は援軍を送りましたが、城に近づくことすらできません。高松城が落ちるのは時間の問題でした。

◇秀吉の「中国大返し」には二つの理由があった

高松にいた秀吉が本能寺の変のことを知ったのは、事件の起きた翌日、六月三日の夜十時頃だったと言われています。

そこからの秀吉の動きは驚くべき速さで進んでいます。何しろ、毛利が本能寺の変で信長が死んだという知らせを受け取ったのは四日の午後五時頃とされているのですが、秀吉はそれまでのわずか十九時間の間に、毛利と和議を結び、先発隊を京都に向けて出発させているのです（後発隊は六日発）。

あまりにも素早い秀吉の動きに、「秀吉は明智が謀叛を起こすことを知っていたに違いない」「秀吉こそが本能寺の変の黒幕なのではないか」と言う人もいますが、前著『学校では教えてくれない戦国史の授業』にも書いたように、私は秀吉は黒幕ではなかったと思っています。

おそらく、信長の悲報に接したとき秀吉は、あまりのショックにどうしたらいいのかわからず呆然としていたと思います。このときまで秀吉自身は、天下取りなど考えていなかったのではないでしょうか。

しかし、秀吉をそばで支えていた人たちは違いました。

実は秀吉が後に述懐しているのですが、彼の軍師・黒田官兵衛（黒田孝高）が秀吉の肩を叩き、「殿の天下になります。直ちに講和を結んで引き返すべきです」と言ったというのです。

秀吉にとって幸運なことに、このとき毛利はまだ本能寺の変を知りませんでした。加えて、落城寸前の高松城に決着をつけるために、もうすぐ信長がやってくると思っていた毛利から、すでに講和が申し込まれていたということです。

相手から講和を申し込まれているのですから、秀吉はそれに応じる返事をすればよいのですが、ここで急ぐ素振りを見せては相手に怪しまれてしまいます。

相手に悟られることなく、でも、一刻も早く講和を結びたい。

この難題を見事にやってのけたのが、毛利方の使者であった安国寺恵瓊でした。

恵瓊は毛利方の人間ですが、秀吉とも気脈を通じていたので、秀吉の意を汲み、毛利に相談せず、夜のうちに単独で清水宗治のもとへ行き、宗治一人の切腹を条件に城兵の助命を確約しました。宗治は自分一人の命で済むならと説得に応じ、翌朝、湖のようになった城外に小舟を浮かべ、秀吉の検使の前で切腹しました。

宗治の切腹という条件に講和を渋っていた毛利も、当の宗治が腹を切ってしまった以上、これ以上講和を先送りする理由がなくなり、お互いに誓紙(せいし)を交換して講和が成立しました。

しかし、ほっとしてはいられません。信長の死を毛利が知るのは時間の問題です。毛利が知れば、背後から追撃される危険もありました。和平条約を結んだところで、相手が条約を守る保証がないのが戦国の世です。

事実、北条氏は織田と同盟を結んでいたにもかかわらず、信長の死を知るとすぐに滝川一益を攻めています。

秀吉は恵瓊が宗治の説得に向かうと同時に京へ引き返す準備を進め、講和が成ると速(すみ)やかに陣を引き払って東へ急ぎました。

つまり、秀吉が備中高松から山城(やましろ)国の山崎(やまざき)（京都府乙訓(おとくに)郡大山崎(おおやまざき)町）までの約二〇〇キロを一週間足らずで駆け戻った、いわゆる**「中国大返し」には、一刻も早く明智を討つという目的に加え、自らの命を毛利の追撃から守るという、急ぐべき二つの理由があった**のです。

毛利が本能寺の変を知ったのは、秀吉軍の先発隊が陣を引き払ったわずか二時間後だと言われています。まさに毛利の追撃が及ばないギリギリのところでした。

このように秀吉の「中国大返し」は、数々の幸運によって成し遂げられた奇跡のよ

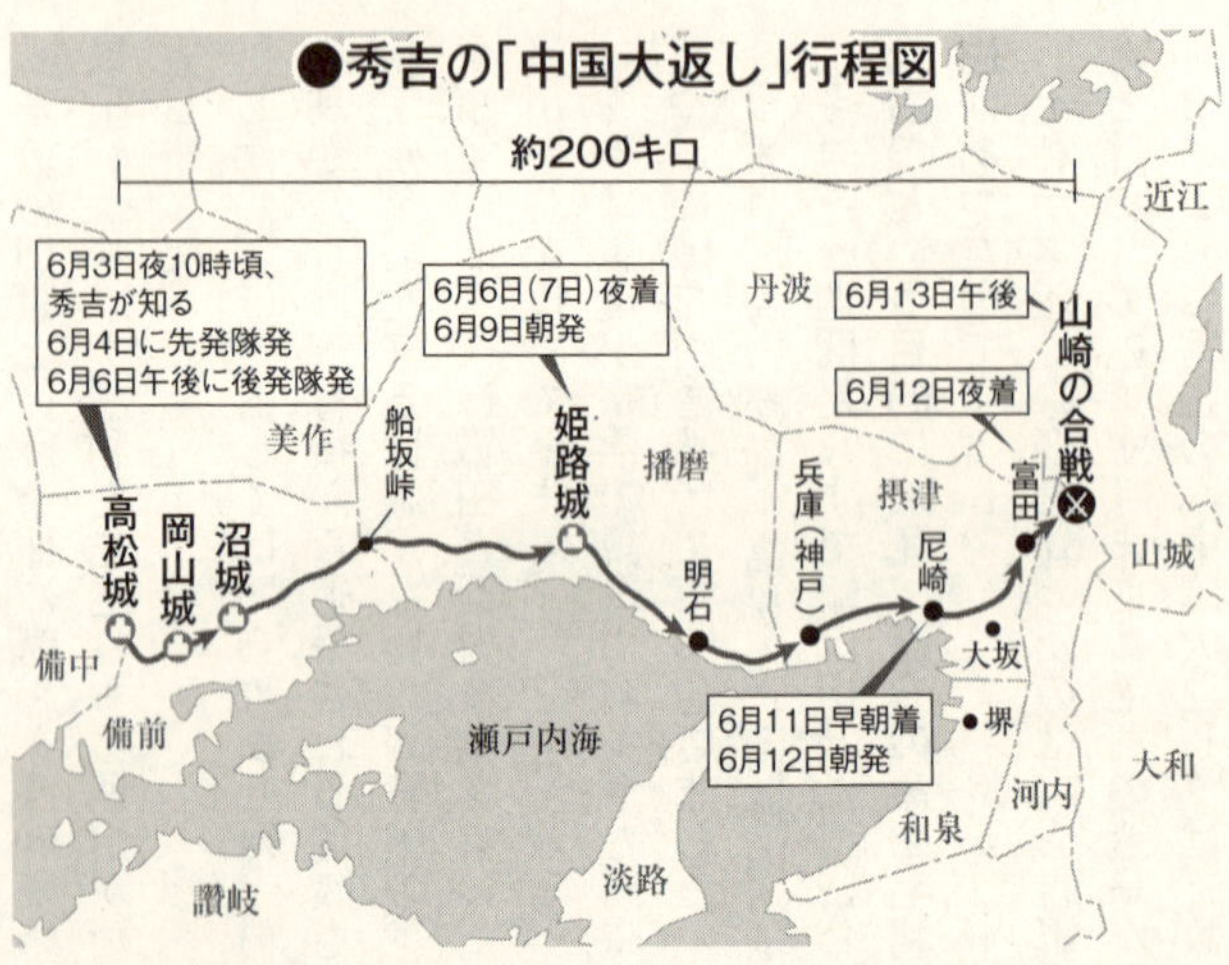

うな出来事でした。

しかし、これは強調しておくべきだと思いますが、幸運に恵まれる人というのは実はいっぱいいるのです。問題はその幸運を活かすことができるかどうかです。

たとえば、本能寺の変のとき、明智軍がノーマークだったというのは信忠にとって大きな幸運でした。しかし、彼はこの幸運を活かすことなく、父を助けようとしたのでしょうが、その場に留まり命を落としました。一方、秀吉は、わずかな幸運を逃さず、すぐに動いたことで、次々と幸運を引き寄せ、そのすべてを一〇〇パーセント利用することで天下取りに結びつけました。

幸運は恵まれることより、きちんと活

かすことの方が、実は何倍も難しいのです。

◇なぜ、秀吉軍は驚くべき早さで戻れたのか

毛利を攻めていたときの秀吉の本拠地は、黒田官兵衛から譲り受けた姫路城でした。

高松城を落とし、毛利と和議を結んだ秀吉は、まずは姫路城を目指し、猛スピードで駆け戻りました。

「駆け戻った」というのは比喩ではありません。どうも秀吉軍は、鎧などの重い武具を全部脱いで、文字通り身ひとつでマラソンのように走って戻ったようなのです。

馬に乗る武将クラスの武具はともかく、兵の大半を占める足軽の武具はそれほど重いものではありません。もともと足軽というのは馬に乗った主人について走るので、軽装でなければ務まらないからです。

Point

足軽出身の秀吉だったからこそ、「中国大返し」マジックは起こせた！

しかし、いくら軽いといっても、何十キロも走り続けることはさすがにできません。毛利に追撃される危険もあったので、特に姫路城に入るまでは、ほとんど休憩も取らず急ぎました。そのためにはできるだけ軽くする必要があるので、もしかしたら、ふんどし一丁で走ったのかも知れません。

でも、裸で走ったとして、京都に着いたら明智軍と戦わなければならないのですから、やはり武具も必要です。秀吉たちはどのようにして武具を運んだのでしょう。

実は武具はまとめて船で運んだという説があります。私もそれが最も効率的なやり方だったと思います。

基本的に武士というのは、ある程度の身分があれば必ず馬に乗っています。いわゆる騎兵です。それが当たり前だと思っている大将だったら、急いで戻らなければならないとなったとき、馬で走ることしか考えなかったでしょう。

馬に乗っている武将はそれでもいいかも知れませんが、「ついてこい」と言われる足軽たちはたまりません。足軽は基本的に農民階層出身なので、相当な健脚ではあるのですが、さすがに武装したまま長距離を走ることはできません。

秀吉は自身が足軽出身だったので、こうした足軽の辛さがよくわかっていました。そこで装備は外して別便で送り、自分たちは可能な限り身軽になって走る、という普通の武将には思いつかない方法を思いついたのだと思います。

身ひとつで走った甲斐あって、先発隊は六月六日の夜には姫路城に入っています。総勢二万の軍勢ですから、全員が六日に着いたわけではなかったでしょう。遅れてくる者を待ちながら、早く着いた者は体を休め、再び全軍を率いて姫路城を発ったのは九日の朝と伝えられています。

次に秀吉が目指したのは、尼崎ですが、ここからは明石、兵庫（神戸）と慎重に進み、尼崎に着いたのは十一日の早朝でした。**なぜ尼崎を目指したのかというと、おそらく船便で送った武具をここで受け取るためだった**と思われます。

こうして備中から摂津まで一週間ほどで戻った秀吉は、京の南の出口に当たる山崎で信孝・丹羽長秀軍と合流しました。

◇山崎の合戦、秀吉と光秀の明暗を分けたものとは？

現在の教科書で「山崎の合戦」と記されている明智光秀と秀吉の決戦は、かつては「天王山の戦い」と呼ばれていました。今でも大きな転換点となる戦いのことを「天王山」と言いますが、それはこの戦いに由来したものです。

決戦の場となった山崎は、石清水八幡宮のある男山と天王山に挟まれ、そばに川が流れる地域です。当時はそこに沼地が広がっており、人馬が通れる範囲は狭く、かなり限定されていました。そのためここは大坂から京都に向かう場合でも、京都から大坂に向かう場合でも、敵を待ち伏せして戦うのに適した場所とされ、古来からいくつもの戦いの舞台になってきました。後の鳥羽・伏見の戦い（一八六八）でも山崎は決戦場の一つになっています。

戦場は山崎なのに、なぜこの戦いが天王山と呼ばれたのかというと、秀吉が天王山に陣を張っていたからでした。天王山自体は戦局にとって重要な場所ではなく、あくまで主戦場は天王山の麓の山崎だということで、現在は「山崎の合戦」という呼称が使われています。

この戦い、陣形は明らかに明智軍の優勢でした。数では圧倒的に秀吉軍が勝っていたのですが、土地が狭いため、秀吉軍は横に展開できず、縦型陣形を余儀なくされてしまったからです。これは、待ち受ける明智軍にとって大きな幸運でした。狭隘の地から出てくる秀吉軍を一つずつ叩いていけばいいので、非常に明智軍に有利でした。

しかし、明智軍は大敗します。陣形は明智軍が優勢だったのに、なぜ負けたのでしょう。

答えは「数」でした。

『太閤記』によれば、秀吉軍四万に対し、明智軍一万六〇〇〇。秀吉は本城の姫路城にもほとんど留守居の兵を置かず、手持ちの兵のすべてをこの戦いにつぎ込みまし

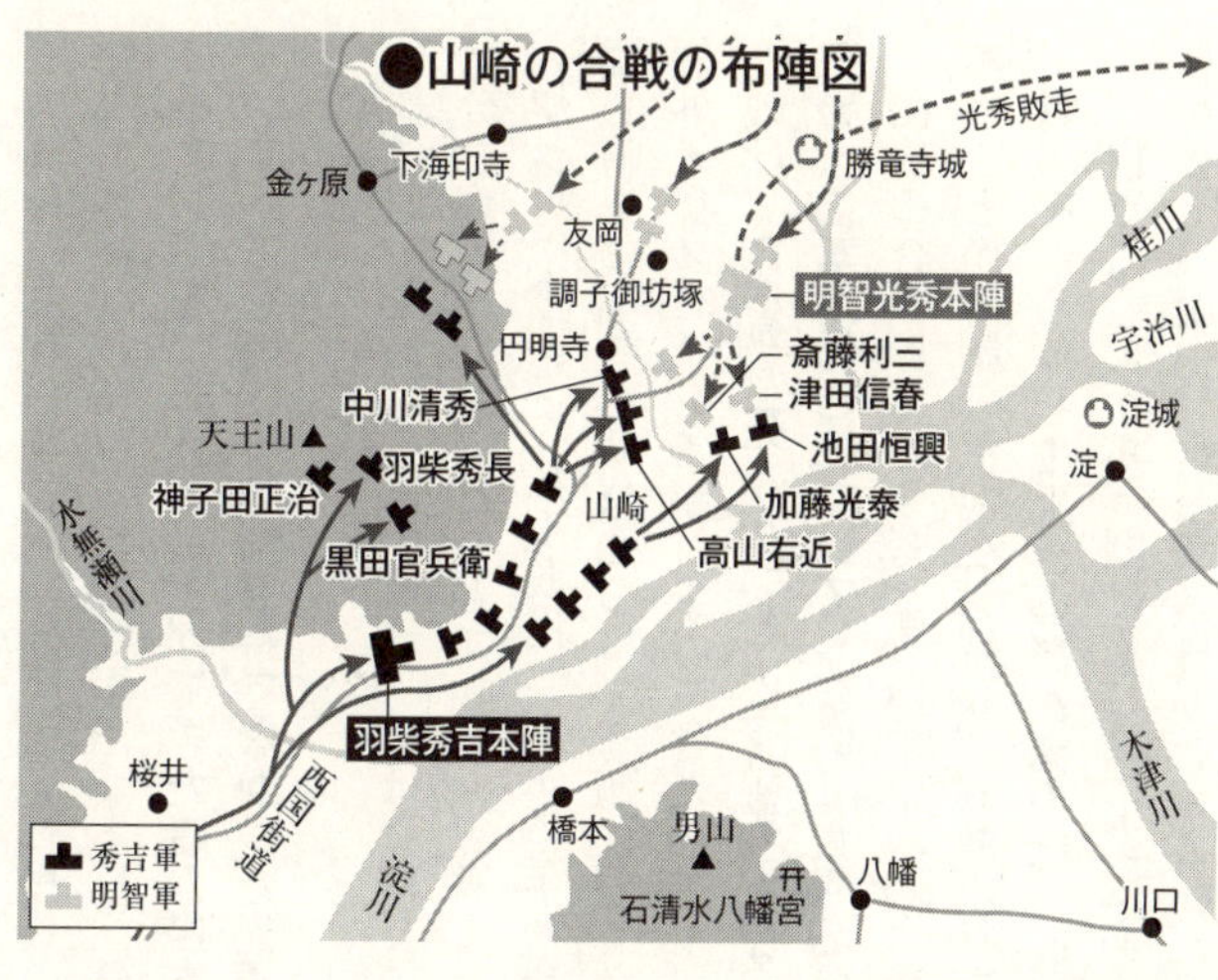

た。それに対し光秀は、近郷の押さえや近江（滋賀県）の安土城など占領した各所にかなりの手勢を割いていました。というのも、光秀はもっと援軍が集まると思っていたようなのです。

光秀が援軍を当てにしていた人々というのは、具体的に言うと、かつて光秀に恩を受けた大和国（奈良県）の筒井順慶と、娘の嫁ぎ先である丹後国（京都府北部）の細川幽斎（藤孝）・忠興親子、摂津国（大阪府北中部、兵庫県南東部）の中川清秀らです。しかし彼らは光秀の再三の誘いにも応じませんでした。

そういう意味では、確かに彼らに見捨てられたことも敗因の一つではあるのですが、やはり最大の要因は、光秀の覚悟だったのではないでしょうか。もしこの戦いに負けたら、彼の命運は尽きてしまうのですから、占領した場所に幾ばくかの兵を残す必要などなかったのです。つまり、**最も大切な大一番、天下分け目の決戦に持てるすべてをつぎ込むことができた者が勝ち、できなかった者が負けたということです。すべてを賭ける覚悟を持てなかった光秀の中途半端さが、最大の敗因だ**と私は思っています。

他に理由をあげるとすれば、やはり信長の首を取れなかったこと、信長を討つ大義(たいぎ)名分(めいぶん)をつくれなかったことでしょう。秀吉は大返しの最中に摂津国周辺の武将たちに「信長様は本能寺を無事脱出し、生きておられる」といった偽(にせ)情報を流しています。疑心暗鬼に陥った武将たちは光秀側につくのを決めかねていました。そこに秀吉が予想外の猛スピードで駆け上ってきたのです。光秀が兵を思った以上に集められなかったのは、**「信長が死んだ」という証拠である「首」をあげられなかったこと、信長の三男・信孝が秀吉についてしまい、大義名分が秀吉の方にあったことだ**と思います。

山崎の合戦は、降りしきる雨の中、わずか二時間で大勢が決しました。秀吉軍があろうことか川岸の沼地を突破し、側面攻撃を仕掛け、明智軍は総崩れとなりました。戦場をかろうじて生き延びた光秀は、敗残兵とともにいったん勝竜寺(しょうりゅうじ)城に身を寄せ、夜になってから、闇に紛(まぎ)れて本拠である近江の坂本(さかもと)城を目指して移動しました。しかしその途中、落ち武者狩りをしていた農民の襲撃を受けて山城国小栗栖(おぐるす)（京都市伏見区）の竹藪で命を落としました。

光秀の天下はよく「三日天下」と言われますが、実際には十二日間でした。

秀吉は、この山崎の合戦に勝利したことで天下を取ったと思っている人も多いのですが、実は秀吉の天下取りは、むしろここから始まっていくのです。

◇次男・信雄と三男・信孝の確執は「生まれ順」にあった!?

山崎の合戦で、秀吉は確かに主君・信長の仇を討ちました。

これによって、織田家中で存在感を決定づけたのは事実ですが、秀吉の立場はあくまでも家来の一人に過ぎず、織田家の家督を継ぐ資格を持った人間は他にいました。信長の次男である信雄と三男の信孝です。

信雄と信孝は兄弟ですが、母親が違います。異母兄弟の仲があまり良くないのはよくあることですが、この二人には加えて「出生に関する因縁話」がありました。

それは、**信孝の方が実は兄だった**、というものです。

信雄の母親は生駒夫人（『武功雑記』には吉乃とありますが確証はありません）と呼ばれる女性です。信長の正夫人は斎藤道三の娘の帰蝶（お濃の方）ですが、彼女との間には子供が生まれなかったので、信忠を産んだ生駒夫人が織田家中で実質上の正夫人の立場にありました。

この生駒夫人が次男・信雄を出産したとき、数日前に側室も男子を産んでいたのですが、遠慮して信長に伝えるのが遅くなり、**信孝は本当は次男なのに三男にされてしまった**、というのです。

当時は正夫人が産んだ子供と側室が産んだ子供では扱いがまったく違いました。たとえ最初に生まれた男子でも、側室が産んだ子は、後から正夫人が男子を産むと「庶兄（しょけい）」と呼ばれ、家督を継ぐ順位は正夫人が産んだ男子の下になりました。

生駒夫人は実質上の正夫人だったので、彼女が産んだ信雄の方が側室が産んだ信孝より身分は上となります。ですから、どうせ数日の差なら最初から信雄の方を「兄」ということにしておこう、と考えたというのは充分にあり得ることなのです。

実際、生駒夫人が産んだ長男・信忠が死ぬまでは大きな問題は起きませんでした。信忠亡き後も、次男の信雄がそれなりに優秀な人材であれば、織田家の家督相続争いは起きなかったかも知れません。しかし、織田家にとっては不幸なことに、そして秀吉にとっては幸運にも、次男・信雄は「バカ殿」でした。信雄が秀（ひい）でていたのは踊りだけで、武士の棟梁（とうりょう）に求められる戦（いくさ）の才能も政治の才能も持ち合わせていませんでした。

対する三男・信孝は、それなりの才能を持っていました。信雄には多くを求めなかった信長も信孝には期待を寄せていました。事実、本能寺の変の当日に出発するはずだった四国討伐軍の総大将に信長が任命したのは、信孝でした。総大将に任命したということは、四国討伐に成功した暁（あかつき）には、四国は信孝に任せるということでしょう。

一方の信雄には、それほど大きな任務を課さない代わりに領地もあまり与えていません。このことからも信長は、信雄より信孝の方が見込みがあると思っていたことがわかります。

こうしたことは、織田家中にも自ず（おの）と伝わります。

「信雄様はまだ伊勢一国しかもらっていないけれど、信孝様は今度の四国討伐の総大将を務められるのだから、いずれは信孝様の方が領地が大きくなるだろう。信長様はやはり信孝様の方を買っているんだ」と、あからさまに言わなくても、陰では絶対に噂（うわさ）し合っていたことでしょう。つまり、**信長が信雄より信孝の方を高く評価していたことは、誰の目にも明らかだった**ということです。当然、信孝自身もそうした父の思いを自覚していたはずです。

しかし、いくら評価が高くても、立場上は信雄の方が兄なので、信孝はいつもバカな兄の下座に着かなければなりませんでした。そんなとき信孝が「本当は俺の方が先に生まれた兄なんだ」「あのバカは、本当なら俺の下座に座るべきなのに」と、内心歯がみしていたことは容易に想像がつきます。

こうした潜在的な信孝の不満が、本能寺の変によって表に出ました。本能寺の変が起きたとき、信雄は居城である伊勢の松ヶ島城（三重県松阪市）にいました。そして、すぐに兵を連れて出陣しています。ところが、近江国土山（滋賀県甲賀市）という所でなぜか急に動きを止め、様子見を決め込んでしまったのです。

山崎の合戦が始まったときにも、信雄は近江に留まっていました。近江にいたということは、秀吉・信孝軍と連携すれば、明智軍を挟み撃ちにできる好位置です。それでも信雄は、父の弔い合戦に参加しようとはしませんでした。それどころか、山崎の合戦に敗れ、近江方面に逃走しようとしている光秀を討ち取るというチャンスまでも見逃しました。

つまりバカ殿信雄は、父と兄の仇を討つという重要な意味を持つ戦いであるにもかかわらず、しかも絶好の場所にいたにもかかわらず、山崎の合戦に参加していないのですから、この戦いの意味がわかっていなかったとしか思えません。

◇信雄と信孝の不仲につけ込み、織田家を引き裂く

六月十三日に山崎の合戦で明智光秀が敗北しても、信長が亡くなったことに起因する各地の動乱は収まりませんでした。十八日には河尻秀隆が武田旧臣に殺され、十九

日には滝川一益が北条軍に大敗し、旧領に敗走しています。

こうした混乱を収めるためにも、次の織田家の当主決めが急がれました。

そこで六月二十七日、尾張の清洲城（愛知県清須市）で次期織田家当主を決める会議、「清洲会議」が行われました。

この時点で当主候補は二人、信雄と信孝です。しかし、信雄がバカ殿であることは周知の事実だったので、ほとんどの家臣は「時期当主は信孝様で決まりだろう」と言い、織田家の重臣である柴田勝家も「信孝様しかいない」と思っていました。

勝家というのは非常に真面目な人です。しかも自分を引き立ててくれた信長に深い恩義を感じていました。だから勝家が信孝を推したのは、純粋に織田家の行く末を思ってのことでした。

秀吉も信長から大きな恩を受けていましたが、このとき、天下人への野望を持っていた彼の考えは違いました。おそらく秀吉は、**もし優秀な信孝が織田家を継いでしまったら、自分がつけ入る隙がなくなってしまうので困る**と考えたのでしょう。

そこで秀吉は、信雄と信孝の不仲を利用することにします。二人を反目させて跡目争いに持ち込むのですが、単に信雄を対抗馬として推すようなことはしません。そんなことをしても、みんな「信雄はバカ殿だ」と知っているので、家中の人間がついてこないとわかっているからです。

ではどうしたのか。ここが秀吉の賢いところです。信雄を味方にしつつ、柴田勝家・信孝ペアを出し抜くために、秀吉は信雄に次のように誘いかけたと思います。

「武家の考え方からいけば、嫡男（正夫人の産んだ最年長の男子）が跡を継ぐのが正しい。その嫡男・信忠様が亡くなってしまった以上、信忠様の正室がお産みになった嫡男・三法師様が織田家を継ぐのが正しいと言えるでしょう」

そう本筋を語った上で、信雄を口説きます。

「柴田勝家らが進めている信孝様を当主にという話がもし実現したら、あなた様はどうなるでしょう。弟の家来になり、頭を下げるのですか。そのようなことにならないために私と組みませんか。私は三法師様を推します。そして三法師様の補佐役には信雄様をと申し上げますから」

もちろん、正式な記録にこんな話は残っていませんが、このようなことを言って信雄を丸め込んだに違いありません。

こうして清洲会議は、真面目に織田家の将来を考え、信孝を推す柴田勝家と、腹の中に野望を秘め、三法師を推す秀吉との対立になったのです。

◇清洲会議は秀吉の奇策によって決した

清洲会議最大の議題は次期織田家の当主を決めることですが、もう一つ大切な議題がありました。それは信長・信忠の遺領と光秀ら反逆者たちから没収した領地を誰に分配するのかということでした。

これらはあくまでも織田家中の問題なので、家臣ではない徳川家康には出席する資格はありません。資格を持っていた重臣は、柴田勝家、羽柴秀吉に加え丹羽長秀、池田恒興（つねおき）、そして滝川一益の五人。しかし、当時、滝川一益は北条軍に大敗し逃げていたため、清洲城に来ることができず、残りの四人でこれらの重要事項が話し合われました。

滝川一益の欠席は、秀吉にとっては幸運であり、勝家にとっては不幸でした。なぜなら滝川一益は、何かと秀吉をライバル視していたため、会議に参加していれば間違いなく勝家を支持していたはずだからです。

会議は、信長の弔い合戦で光秀を討った秀吉に発言力が増していましたが、その秀吉に主導権は握らせまいと、勝家が自信満々に信孝を当主に推すことから始まりました。勝家はこのときまで信孝のライバルは信雄だと思っていました。

ところが秀吉は「相続は嫡流（ちゃくりゅう）が継ぐべきものだ」という正論のもと、信忠の遺児・三法師を推しました。

平時の跡目相続ならすんなり正論が通ったでしょうが、何しろ戦国時代です。いくら嫡流とはいえ、かぞえ三歳の子供ではとても当主は務まらないという勝家の言葉にも一理あり、二人の間で議論は白熱しました。

そんな大もめの最中、秀吉はいったん退席するという奇策に出ます。普通は議論が白熱しているときに、一方の旗頭が議場を退席するなどということはあり得ません。そんなことをしたら、席を外している間に相手のいいように話が進められてしまう危険があるからです。

では、なぜ秀吉は退席したのでしょう。

それは、**すでに残りの二人、丹羽長秀と池田恒興を味方に取り込んでいた**からです。

案の定、秀吉が退席すると、勝家は残りの二人に意見を求めました。すると、それまで黙っていた丹羽長秀も池田恒興も秀吉の意見を支持しました。こうなると勝家も自説を引っ込めざるを得ません。相手は「正論」である上、異を唱えるのは自分だけになってしまったからです。

こうして三法師の跡目相続を認めざるを得なくなった以上、勝家に残されたのは、その他のことでできる限りいい条件を相手に認めさせることです。

中でも重要なのは、三法師の後見を誰にするか、ということでした。

三法師はまだ三歳の幼子(おさなご)ですから、後見が実質的な権力者となります。そこで勝家

柴田勝家（柴田勝次郎氏蔵／福井市立郷土歴史博物館保管）

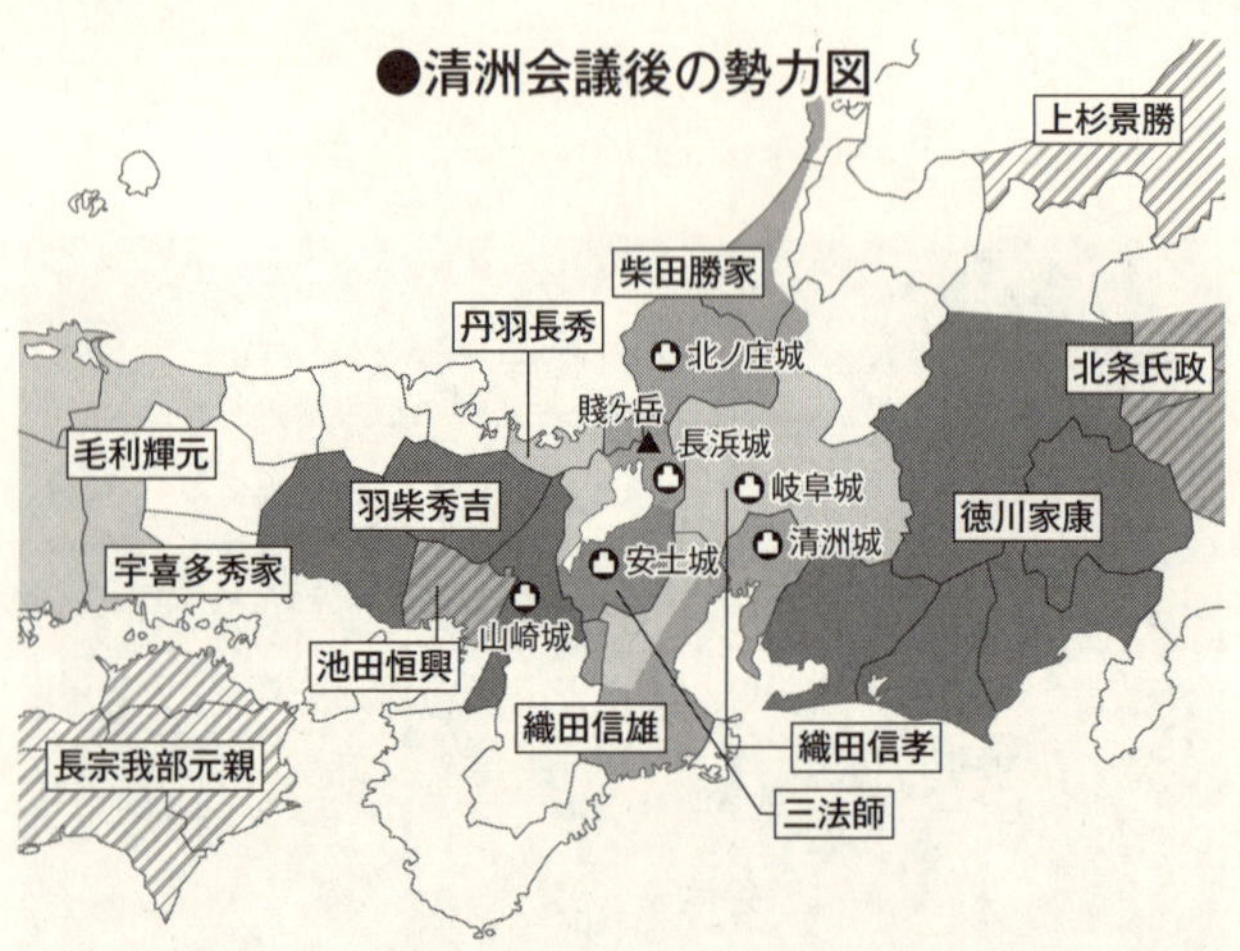

は、自説を引き下げる代わりとして三法師の後見を信孝とすることを認めさせます。

遺領の配分でも信孝が美濃国（岐阜県）を取り、三法師を伴って岐阜城に入ることを認めさせました。加えて、もともと秀吉の領地だった北近江の長浜城を勝家に譲ることまで認めさせました。

長浜は、秀吉が初めて城主となった土地です。しかし、そこを勝家が望んだというのは、単なる秀吉への嫌がらせというだけでなく、**北陸を本拠地とする勝家にとっては、中央に近い場所に拠点を持つという、とても大きな意味がありました。**

ちなみに、このとき秀吉が得た領地は、丹波国（京都府中部、兵庫県北東部）、山城国（京都府南部）、河内国（大阪府南東部）の三国でした。また信雄、長秀、恒興らが味方となり、秀吉の勢力範囲はぐっと広がりました。

さらに、清洲会議の直後、勝家は信長の妹、憧れのお市の方を妻に迎えています。お市の方は長年秀吉も憧れていた女性です。しかし、お市の方はかつての夫・浅井長政を死に追いやった秀吉を憎んでいました。秀吉のライバルである勝家に嫁ぐことを受け入れたのも勝家が秀吉と対立していたからだと思われます。

次期当主を信孝にするという勝家の当初の目論見は達成できませんでしたが、三法師の後見という実質的当主の座は信孝に決まりました。美濃国も信孝のものになり、勝家自身も北近江に拠点を確保しました。

おそらく勝家は、これで秀吉とは互角、あるいは自分の方が一歩出し抜いたと思ったのかも知れません。美人の妻を得て有頂天だったのかも知れません。これこそ、勝家を油断させる秀吉の策略だったということも考えられます。いずれにしても安心したのでしょう。清洲会議が終わると、勝家は妻とその三人の娘を連れて、北ノ庄（福井県福井市）に戻ってしまいました。

◇誰が安土城を焼失させたのか

本能寺の変が起きたときの信長の居城は安土城ですから、信長の跡を継いだ者は、本来なら安土城に入るべきです。

しかし、三法師は後見である信孝とともに岐阜城に入りました。なぜ安土城ではなく岐阜城だったのかというと、安土城が焼失してしまっていたからです。

安土城は本能寺の変の後の混乱の中、焼け落ちました。といっても、明智光秀が攻めたわけでも、戦場になったわけでもありません。ではなぜ、安土城は焼けてしまったのでしょう。

実は、誰が城を燃やしたのか、いまだによくわかっていないのです。

本能寺の変のとき、安土城にはごく少数の留守居の兵しかいませんでした。そのため、本能寺の変の一報が届くと、留守居の兵は明智軍の襲撃を恐れて退去していました。ですから、明智軍が安土城に入ったとき、城は無事でした。

『太閤記』では、その後、安土城を預かった明智光春（明智光秀の従兄弟で本名は秀満）が城に火をつけたということになっているのですが、これは完全な濡れ衣です。

今は、光春は「安土城は信長様が一からつくった天下の名城である」と言って、火をかけずに退去したことがわかっています。

城を退去するとき、それを破壊していくというのは、今も昔も変わらぬ戦場の常識です。無傷のまま残したら敵に利用されてしまうからです。でも安土城は、織田軍も明智軍も城を退去するときには焼いていないのに、その後、なぜか焼けてしまったのです。

安土城焼失についてはいくつか説があります。その中で有力視されているのは、明智軍が退去した後に土地の者が侵入し、略奪した跡をごまかすために燃やしてしまった、という説です。

そしてもう一つ、有力視されている説が、信雄が火をつけたというものです。そしてこの説には、裏付ける史料もあるのです。

> 明智の軍勢が津の国において惨敗を喫したことが安土に報ぜられると、彼が同所に置いていた武将は、たちまち落胆し、安土に放火することもなく、急遽坂本城に退却した。しかしデウスは、信長があれほど自慢にしていた建物の思い出を残さぬため、敵が許したその豪華な建物がそのまま建っていることを許し給わず、そのより明らかなお知恵により、付近にいた信長の子、御本所（ごほんじょ）（信雄）はふつうより知恵が劣っていたので、なんらの理由もなく、（彼に）邸と城を焼き払

うよう命ずることを嘉し給うた。

（『完訳フロイス日本史⑤「暴君」秀吉の野望』松田毅一・川崎桃太訳・中央公論新社）

これは当時日本で布教活動をしていたキリスト教イエズス会の宣教師ルイス・フロイスが書き残したものです。彼は信長とも親交があった人物です。とはいえ、必ずしもこの記述が正しいとは限りません。本当のところはわかりませんが、とにかく安土城は焼けてしまいました。

実は清洲会議のとき、三法師は後見となった信孝とともに岐阜城にいったん入るけれど、いずれ織田家当主として安土に移すということが約束されていました。岐阜城はあくまでも安土城を再建するまでの繋ぎだったということです。

しかし、柴田勝家も信孝もこの約束をさほど深刻に捉えていませんでした。なぜなら、完全に焼失した城を再建するには少なくとも一年や二年はかかるので、まだまだ先の話だと思っていたからです。

◇秀吉の巧みな計算、勝家の最大の失敗

柴田勝家が秀吉との対決で犯した最大の失敗は、清洲会議の後、安心してすぐに北

ノ庄に帰ってしまったことです。

　織田家にとって越前国の北ノ庄城（福井県福井市大手）は、最も手強い敵の一つである越後国（新潟県）の上杉家に対抗するための非常に重要な拠点でした。越前国（福井県北東部）はもともと朝倉氏の領地でした。朝倉氏は一乗谷城（福井県福井市城戸ノ内町）を中心にこの国を治めていましたが、一乗谷では不便だからと、福井平野の真ん中に大きな城をつくったのです。

　そもそも信長が琵琶湖のほとりの安土に城を築いたのも、北陸から上杉軍が大挙して攻めてきた場合の備えということもありました。いきなり安土で敵の攻撃を受けることがないように、一歩敵の側に踏み込んだ場所に対上杉用の要塞としてつくったのが北ノ庄城です。

　北ノ庄城は七層の天守（九層とも言われる）を持つ、巨大な城でした。実は、この北ノ庄城をつくるとき、柴田勝家は主君の城である安土城に遠慮して天守を一段低くしようとしたのですが、信長に「おまえにはこちらのすべてを任せてあるのだから、大きな城にしろ」と言われ、巨大な城をつくったと言われています。

　城は堅固で守るのには適していましたが、立地的な問題だけは克服できませんでした。それは**冬になると雪に埋もれて身動きができなくなる**、ということです。つまり、北ノ庄に入って雪が降ってしまったら、春の雪解けまで約三カ月もの間、身動きが取れなくなってしまうということです。**勝家が北ノ庄に帰ってから、最初に秀吉が動いたのは信長の葬儀を大々的に催したことでした。**意外に思われるでしょうが、実は信長の公式葬儀はまだ行われていませんでした。

もちろん、信長に縁(ゆかり)のある人による個人的な供養はさまざまなかたちで行われていましたが、正式な葬儀は行われていませんでした。

本来なら、跡継ぎが三法師に決まった時点で、三法師を喪主に行うべきでしたが、信長の遺体が見つからなかったことに加え、三法師がまだ三歳で自分の意思を持つには幼すぎたこともあり、三法師主催の公式葬儀は行われていなかったのです。

秀吉はそこに目を付け、京都の名刹(めいさつ)・大徳寺(だいとくじ)で豪華絢爛(けんらん)な葬儀を行いました。このとき秀吉が喪主に立てたのは、信長の四男で秀吉の養子となっていた於次丸秀勝(おつぎまるひでかつ)でした。

さらに秀吉はこのときまだ少年の於次丸に、信長の柩(ひつぎ)を担がせ練り歩くという人目を惹(ひ)く演出を行っています。柩といっても遺骨は見つかっていないので、代わりに香木(こうぼく)でつくった仏像が納められていました。それでも、柩を一人で担ぐことはできないので、池田恒興の息子が相方を務めました。その柩のすぐ後を秀吉が歩きました。

この葬儀が行われたのは、旧暦の十月十五日。越前では冬に入り、雪が降り始め、ちょうど動きにくくなる時期です。つまり、この時期ならもう勝家が動けないことをわかっていて企画したのです。

勝家がなんとしても出席しようと思えば、軍勢を連れずに少人数の部下と来られたかも知れません。しかしそれでは暗殺される危険がありました。秀吉はおそらくそこまで勝家の心を読んだ上で、絶対来ないだろうと踏んでこの時期の開催を決めたのだと私は思います。実際、勝家は大徳寺での葬儀には参列しませんでした。

さらに秀吉は、この葬儀に三法師も信雄も信孝も招かず、於次丸に人々の目が集まるようにしています。

ところで、秀吉はなぜ「大徳寺」で信長の葬儀を挙行したのでしょう。

それは、**当時の京都が情報の発信基地だった**からです。当時は今と違ってテレビもラジオもインターネットもない時代です。情報は「人の噂話」というかたちで口伝えに広まっていくしかありません。口伝えで最も早く、効率良く広めるには、人が多く集まる場所に噂の種をまくのが一番です。

当時の京都は、行政機能は失われていたものの、やはり全国から最も多くの人が集まる都であったことは間違いありません。たとえば、神社仏閣の神官や僧侶が総本社・本山に来ていろいろ願い事をしたり、義務を果たしたりして帰っていく。そのときさまざまな噂を仕入れていくわけですから、京都で起きたことはいち早く全国に広まったのです。

この絢爛豪華な葬儀の噂も瞬く間に全国に広がりました。**その効果は絶大で、噂とともに世間の人々の中に秀吉こそが信長の後継者だという空気が一気に広まった**のです。勝家にとっては不愉快きわまりない事態ですが、北ノ庄にいたために手も足も出ません。

ですから、**北ノ庄に早々に戻ってしまったこと、実はこれこそが柴田勝家が犯した最大の失敗だった**のです。

勝家は北ノ庄に帰るべきではありませんでした。

信孝を織田家当主にできなかったものの、三法師の後見を信孝とすることに成功し、重要拠点である長浜も手に入れることができていたのですから、ここで打つ手を間違えなければ、秀吉の野望をくじくことも充分できたと私は思っています。

では、どうすればよかったのでしょう。

理想を言えば、北ノ庄は信頼できる部下に任せ、自分は長浜に入り、岐阜城の信孝と連携を強めて、切り札である三法師を奪われることのないよう、あらゆる手を尽くしておくべきだったのです。なぜなら、清洲会議が終わった段階では、主君・信長の仇を討った秀吉は織田家を守った大功労者ではありましたが、あくまでも三法師の家臣の一人に過ぎず、三法師を擁すれば逆らうことはできなかったからです。

具体的に言えば、秀吉につけ入る隙を与えないように、すぐに安土城の再建に取りかかり、仮普請（かりぶしん）でも何でもいいので建物を建てて三法師を奉じて入城し、三法師の命（めい）として秀吉を追い詰めていけばよかったのです。

しかし、勝家は北ノ庄に戻ってしまいました。

◇勝家の家族関係を利用した秀吉の謀略

本能寺の変が終わった直後の秀吉の本拠は、毛利攻めのときの本拠地だった姫路城でした。それを秀吉は、柴田勝家が北陸に帰った直後、明智光秀との決戦場となった山崎に城をつくり、移っています。

山崎の城は急ごしらえの仮の城ですが、とにかく本拠を近畿に移しているのです。このことからわかるのは、秀吉はこの時点ですでに岐阜の信孝を攻めるつもりだったということです。

そんな秀吉が行動に出たのは、十二月に入り、北ノ庄に雪が積もり、勝家軍が完全に出てこられなくなったことを見極めたときでした。このタイミングで、秀吉は大軍を催して信孝のいる岐阜城を攻めたのです。

岐阜城を攻める大義名分は、「約定違反（やくじょういはん）」です。

信孝が「違反」したと言いがかりをつけられたのは、清洲会議で決めた「三法師をいずれ安土城を再建して移す」という約束でした。

何年も放っておいたのならともかく、秀吉が「約定違反」を突きつけたのは、清洲会議からわずか五カ月後のことですから、明らかに言いがかりです。

秀吉が賢いのは、この「言いがかり」を信雄を正面に立てて行ったことです。つまり、次男の信雄が三男の信孝に対して、この前、**清洲会議で決めたことを速やかに履行しないのは約定違反だと言わせて、秀吉は信雄の命を受けるというかたちで岐阜城を攻めた**のです。

このとき、もし長浜城に柴田勝家がいれば、当然このようなことは許さなかったでしょう。織田家中の立場でも、武勇でも勝家の方が秀吉より上です。しかし、その場にいなければ何もできません。

岐阜城はあっけなく落とされ、信孝は降伏せざるを得なくなり、切り札だった三法師も秀吉に奪われてしまいました。しかも秀吉は、岐阜城へ向かう途中、勝家に取られた長浜城も取り戻しています。それも、たった一日で無血開城させているのです。

長浜城は秀吉が念入りにつくった城です。普通なら簡単に落ちる城ではありませんん。それがなぜたった一日で無血開城したのかというと、秀吉得意の謀略でした。つまり、勝家から長浜城を預かっていた柴田勝豊(かつとよ)が秀吉に寝返ったのです。

この謀略について説明するには、柴田勝家の家族事情をお話しする必要があります。勝家の家族関係はわからないことが多いのですが、長い間子供に恵まれなかった勝家には何人もの養子がいました。その中で跡継ぎとされていたのが、甥の柴田勝豊です。

養子の中には他に甥の柴田勝政がいますが、これは、武勇で知られる佐久間盛政の弟です。勝家は武勇に優れた盛政・勝政兄弟をかわいがったため、勝豊と勝政は仲が悪かったと言われています。

加えて勝豊と勝家の関係を悪化させたのが、権六（柴田勝敏とも）という名の元服前の子供の存在でした。彼は勝豊同様養子だったという説もあるのですが、権六という勝家の通称と同じ名を与えられていることから、実子だったという説もあります。

子供に恵まれないからと養子を迎えたところ、後から実子が生まれて養子が疎ましくなるというのはよくある話です。もちろん権六が実子である確証はないので、これはあくまでも私の推測ですが、実子でもなく、武勇でも盛政・勝政兄弟に劣る勝豊を、勝家は疎ましく思っていたのではないでしょうか。実際、長浜城を任されたとはいうものの、当時の勝豊と勝家の関係は決して良好と言えるものではありませんでした。

秀吉がすごいのは、こうした勝家の家族関係を情報としてきちんと得ており、それ

を最も効果的な方法で利用したということです。

つまり、勝豊に「あなたは柴田陣営にいてもろくなことがないのではないですか。長浜城を返してくれれば、今後優遇しますよ」といったことを言って「裏切り」を誘ったのでしょう。その結果、長浜城は無血開城したのです。

こうして秀吉は、無傷の大軍をもって岐阜城を囲みました。

岐阜城も信長が建てた名城ですが、ここでも謀略に長(た)けた秀吉のことです。力で押す前に、信孝の周囲の家臣や国人(こくじん)を切り崩せるだけ切り崩してから城攻めに及んでいました。味方が離反し、勝家の援軍が望めない中、信孝は三法師を差し出して降伏せざるを得ませんでした。

さらに秀吉は、三法師を奪還したことだけで満足せず、信孝の母と娘を人質に取っているのですから抜かりはありません。

◆賤ヶ岳(しずがたけ)まで誘い出された勝家

秀吉の計画は、この後もよどみなく続いていきます。

次に狙(ねら)われたのは、滝川一益でした。

本能寺の変が起こると、一益は赴任間もない領地で北条軍に攻め込まれ、命からがら旧領の北伊勢に逃げ帰っていました。清洲会議には間に合わなかった一益ですが、この頃までには旧領で着々と失地回復を進めていました。

秀吉にとって、武勇にも知略にも長けた一益の復活は目障りでした。拠点が近畿にあるのも何かと厄介です。そこで、年が明けるとすぐ準備に取りかかり、二月には大軍を率いて亀山方面から北伊勢に侵入し、一益討伐に向かいました。

しかし、これも勝家を巨城・北ノ庄からおびき出す策だったのかも知れません。

なぜなら、それまでの秀吉の所行をはらわたが煮えくり返る思いで見ていた勝家が、秀吉の滝川一益攻めの報を聞き、「もう我慢の限界」とばかりに残雪を踏みしめて北ノ庄から出陣すると、北伊勢を進んでいた秀吉は直ちに軍を反転させ、勝家軍と対峙しているからです。この素早い転進は、あらかじめ敵の動きを読んでいたとしか思えないほど鮮やかなものです。

こうして勝家軍と秀吉軍は、江北の賤ヶ岳の辺りでにらみ合うこととなりました。

秀吉に苦杯をなめさせられていた信孝は、ここで大きな決断をしました。

岐阜城で反秀吉の兵を挙げたのです。

北に柴田勝家、南に滝川一益、そして東から信孝が兵を挙げれば、秀吉の三方を囲むことができると考えたのです。

もちろん秀吉は信孝の母と娘を人質に取っているので、信孝も躊躇はあったと思います。それでも挙兵に踏み切ったのは、秀吉に対する怒りと、まさか主家の先代当主の妻と孫を殺すようなことまではしないだろうという読みがあったからだと思われます。

ところが、秀吉はこの二人を盟約違反として無残にも「磔」という方法で処刑してしまいました。この出来事は、信孝はもちろん、柴田勝家にも大きな衝撃を与えました。

怒り心頭に発した信孝と勝家、そして滝川一益の三人に囲まれた秀吉は、それぞれを個別に撃破しようと思い、まず美濃に進軍します。

ところがこのとき、ちょうど大雨が降って、揖斐川という長良川に並行して走る川が氾濫して美濃に入れなくなってしまいます。そこで同じ美濃国内である大垣城に入りました。

秀吉が大垣城に入ったという知らせを近江に布陣していた勝家が聞くと、「しめた、それなら秀吉は当分戻ってこられないだろう」と、秀吉側の砦「大岩山砦」を自分の部下の中でも最も勇猛な佐久間盛政に攻撃させました。それが四月十九日のことです。

北近江の長浜城の周りには城がないので、秀吉は長浜城を守るかたちで最前線にいくつか砦を築いていました。その一つが大岩山砦です。

大岩山砦は中川清秀という秀吉方の有力武将が守っていましたが、盛政の猛攻に討死し、砦は勝家軍の手に落ちます。続けて盛政は、もう一つ岩崎山砦に陣取っていた高山右近率いる秀吉軍を蹴散らしました。

ところがこの後、形勢は逆転、勝家軍は敗走を余儀なくされます。

なぜ勝家軍は負けてしまったのでしょう。通説では次のように語られています。

> 佐久間盛政が中川清秀の守る大岩山の砦を襲撃し、清秀を討った。その報が届くや、秀吉は大垣を発して木之本へと急行し、翌二十一日早朝から盛政軍に攻撃をかけた。ここで活躍したのが、福島正則と「賤ヶ岳の七本鑓」である。盛政軍は、秀吉のあまりに速い反撃に動揺し敗走したので、勝家も支えられないとみて兵を引き、越前北庄へ入った。
>
> （『日本の歴史⑮　織豊政権と江戸幕府』池上裕子著・講談社）

つまり、思ったより早く秀吉軍が来たために、盛政軍は動揺し敗走してしまった、というのです。

確かに、このときの秀吉軍は驚くべき速さで移動しています。史料によると秀吉軍は大垣から木之本までの丘陵地帯を含む五二キロメートルをわずか五時間で移動しているのです。

もちろん騎馬武者だけなら充分に可能な時間ですが、戦争は騎馬武者だけでは戦えません。特に秀吉軍は鉄砲中心の編成なので、足軽がいなければ戦いになりません。五二キロを徒歩で行くには、早くても十時間はかかるでしょう。しかも行程は山道です。

だから、勝家も盛政もまさかそんなに早く秀吉が戻ってくるとは思っていなかったというのも無理のない話なのですが、油断と言えばこれも一種の油断です。何しろ秀吉の軍は、あの「中国大返し」をしたばかりです。おそらく、**長距離を速やかに移動するノウハウのようなものを持っていた**のでしょう。

秀吉軍が大垣を出たのが四月二十日の十四時とされていますから、木之本に着いたのは十九時。すでに陽(ひ)は落ちていたかも知れませんが、空には月が出ていたはずです。月明かりを頼りに盛政軍に忍び寄ることができました。盛政軍の方は、翌日の攻撃に備えて寝ているところを、早朝、不意をつかれたというわけです。

しかし、不意をつかれたわりには盛政軍は激戦をしています。

そう、実は盛政は狼狽(ろうばい)して逃げるようなことはしていないのです。

◇『太閤記』が隠した、ある武将の「裏切り」

では、なぜ盛政軍は敗走を余儀なくされたのでしょう。

実は、この戦いの最中、『太閤記』には書かれていない事件が起きていたのです。それは茂山（しげやま）という山に布陣していた柴田側の軍勢が突如として戦線を離脱していた、という事実です。そして、**この戦線離脱が拮抗（きっこう）していた戦いのバランスを崩し、盛政軍を敗走へ追い込んだ**ようなのです。

では、戦線を離脱した柴田勢の武将とは誰なのでしょう。

それは、後に「百万石」と謳（うた）われる加賀（かが）藩の藩祖・前田利家でした。

前田利家と秀吉は昔からの親友であり、勝家とは上司と部下のような関係でした。柴田勢に加わっているので、勝家の家臣のように見えるかも知れませんが、利家の本当の主君はあくまでも信長、あるいは信忠で、勝家は今で言う「上司」に過ぎません。勝家が北陸支社長なら、利家は本社から北陸支社に出向してきた部長といった関係です。利家は勝家の与力（よりき）大名の一人でした。

この前田利家の「裏切り」とも取れる戦線離脱にはいろいろな説があるのですが、親友と上司の間に立たされた利家が、相剋（そうこく）関係に耐えられなかったのではないか、と

●賤ヶ岳の戦いの布陣図

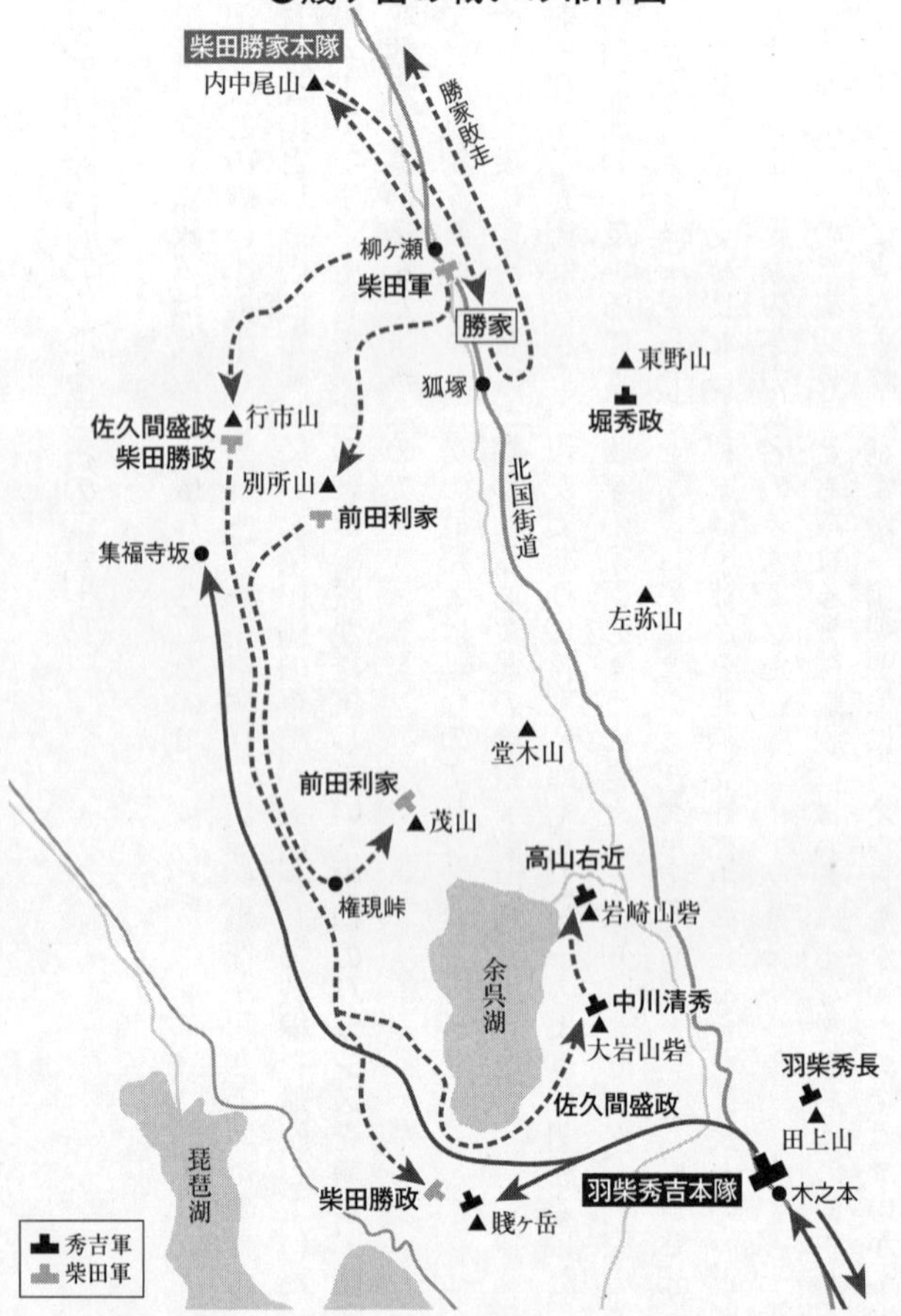

柴田勝家本隊
内中尾山
勝家敗走
柳ヶ瀬
柴田軍
勝家
狐塚
東野山
堀秀政
佐久間盛政
柴田勝政
行市山
別所山
前田利家
集福寺坂
北国街道
左弥山
堂木山
前田利家
茂山
高山右近
岩崎山砦
権現峠
余呉湖
中川清秀
大岩山砦
羽柴秀長
佐久間盛政
田上山
琵琶湖
柴田勝政
賤ヶ岳
羽柴秀吉本隊
木之本
秀吉軍
柴田軍

いうのが今のところ一番有力な見解です。

利家は勝家の家臣ではないのだから、これは裏切りではないと言う人もいますが、それだったら出陣する前に引くべきだったと私は思います。出陣しておいて、みんながそこを任せて頼りにしているのに勝手に戦線離脱してしまったのですから、やはり裏切りと言われても仕方ありません。

利家にしてみれば、散々迷って出陣したものの、「やはり俺は友である秀吉とは戦えない」ということで抜けたのかも知れませんが、自分の持ち場を守らなかったのですから、戦国武将としてはかなりまずい判断だったと言えます。

これほど重要な事実が、なぜ定説になっていないのでしょう。

実際、**昔からずっと賤ヶ岳の戦いは佐久間盛政が愚かな猪武者（いのししむしゃ）だったから負けたということになっていました。**

そこで、これは誰が言い始めたことなのかということをずっとさかのぼっていったところ、寛永（かんえい）三年（一六二六）に出版された『太閤記』（『甫庵（ほあん）太閤記』）がそもそもの

Point

勝家の敗因は佐久間盛政ではない。
前田利家の「裏切り」だった！

出典だとわかりました。『太閤記』というのは、ごく簡単に言えば小瀬甫庵という人が書いた秀吉の伝記です。『太閤記』には、小瀬甫庵の著作以外にも、川角三郎右衛門が書いた『太閤記』(『川角太閤記』)などいくつかありますが、一番最初に書かれたとされるのが小瀬甫庵の『太閤記』です。

小瀬甫庵という人は、もともとは織田家に仕えていた医者です。その後、豊臣秀次に仕え、最後は前田家に仕えています。

前田家は利家が亡くなったあと、利長が継ぎ、利長は自分の弟で利家の側室の産んだ子である利常に跡を継がせます。利常は、徳川幕府ににらまれるのを避けるために、本当はものすごく頭のいい人なのですが、わざと鼻毛を伸ばし、いつも口を開け、バカ殿を装うことで取り潰しされないようにしていたということで知られる人です。

実は、この人が小瀬甫庵に書かせた秀吉の伝記が『太閤記』なのです。

当時は作家という職業はありません。江戸時代でも後半になると、『南総里見八犬伝』を書いた滝沢馬琴のような「読本作家」という原稿を書いて原稿料をもらう人たちが現れてきますが、江戸時代前半までは、原稿を書いても一文にもなりませんでした。

小瀬甫庵という人は、本業は医者なのですが、文才があり、ずっとものを書きたか

『太閤記』（大阪城天守閣蔵）。小瀬甫庵作。22巻。寛永２年（1625）に成立した、太閤・豊臣秀吉の一代記。太田牛一の『大かうさまくんきのうち』（太閤さま軍記のうち）や大村由己の『天正記』などの文献に拠っている。『太閤記』は複数あるが、小瀬甫庵作の『太閤記』は、「甫庵」を入れて『甫庵太閤記』と呼んで区別することが多い。

ったらしいのです。それが前田家に雇われたことで、初めて書く余裕ができて『甫庵太閤記』を書くことができたわけです。つまりこの人は前田家には足を向けて寝られないほどの大きな恩がある人だということです。

賤ヶ岳の戦いで勝家は誰のせいで負けたのか。

おそらく、それは**誰がどう見ても当時の常識では前田利家のせいで勝家は負けたの**だと思います。しかし、前田家に大きな恩がある小瀬甫庵は、藩祖の名誉を傷つけるようなことはできないと思ったのでしょう。

とはいえ、**利家の失態を隠すためには、敗因を誰か別の人間のせいにしなければなりません。その犠牲になったのが、佐久間盛政だった**のではないでしょうか。佐久間盛政という猪武者が、血気にはやって柴田勝家の言うことを聞かなかったから負けてしまったんだと。

実は、この内容には二つの悪口が含まれているのですが、おわかりでしょうか。

一つは佐久間盛政が猪武者だということ。もう一つは、そんな猪武者を先鋒大将に選んだ上、制御しきれなかったという柴田勝家の管理能力のなさです。つまり『甫庵太閤記』は、勝家は大将として大したことがなかった、だから負けたんだ、と言外に言っているのです。

佐久間盛政や柴田勝家が死んでしまった後なので死人に口なし。一族もほとんど死んでいるので、何を言っても誰からも文句が出る心配はありません。だから、この二人を悪者にして前田利家の敗戦責任を隠してしまったのではないか、と私は思っています。

さらに、これが今もなお「通説」の座にいる原因にも触れておきたいと思います。

明治以降、いろいろなところから史料が出てきたことで、本来ならもっと利家の責任を問う説が出てきてもよさそうなものなのですが、出てこないのはなぜなのでしょうか。

正確には、多少は出てはいます。たとえば、日本歴史学会の会長も務められた高柳光寿先生も「前田利家の裏切りが柴田軍の敗因である」と言っています。

にもかかわらず、なぜか日本の最高学府である東京大学の教授はそのことについて積極的に認めていないと私は思っています。日本の歴史学の中心は、なんだかんだと言ってもやはり東大です。そのため東大の先生が認めた説でないと通説にならないという傾向があるのです。

ではなぜ東大の先生は、前田利家の敗戦責任を問わないのでしょう。

実は、東大は前田家と深い繋がりがあるからではないかと私は思っています。

東大のシンボルの一つに「赤門（あかもん）」があります。東大の本郷キャンパスにある朱塗り（しゅぬり）の門です。実はこれは、江戸時代の大名が将軍家の姫をもらったとき、その格式を示すためにつくられた門なのです。つまり、ステータスシンボルです。

その赤門があるということは、東大の敷地は、もともと大名屋敷の跡だったということです。つまり東大に敷地を提供した大名が、前田家なのです。

しかも前田家というのは、織田、豊臣、徳川と、ずっと家名を守り続けた家柄なので、非常に多くの文字史料を持っています。その中には他には残っていない信長・秀吉時代の貴重な史料も多くあり、まさに歴史資料の宝庫なのです。

こうした背景から、もしかしたらいまだに前田家に遠慮して悪く言えないのかも知れません。でなければ、利家の裏切りを示す同時代史料が残っていないからではないでしょうか。

歴史の多くは勝者がつくるものです。勝者に都合の悪い史料はなかなか残りません。ですので、文字史料ばかりを追いかけていては「真実」はわかりにくいのです。敗者の側から見ることによって、「本当のこと」が見えてくると思います。

◇「信雄の命令」で信孝に腹を切らせる

賤ヶ岳の戦いに負けた勝家は、北ノ庄まで敗走します。

城に戻ってきたものの、周囲を取り囲まれ、もう負けは明らかでした。自らの運命を悟った勝家は妻のお市の方とともに北ノ庄城で自害して果てます。

しかしこのとき、お市と浅井長政の間の子である浅井三姉妹は、もともと柴田家とは関係ない血筋だからということで城の外に逃がされ、秀吉が救っています。

浅井三姉妹を助けた話は有名ですが、実はこのとき秀吉が、この機に乗じて織田信孝を死に追いやっていることはあまり知られていません。

自分のかつての主（あるじ）の遺児なのですから、本来ならば許されない行為です。しかし、秀吉はここでも実にうまいやり方でやってのけているのです。

ここでも利用されたのは、信孝の兄・信雄でした。

おそらく秀吉は、「信孝様は清洲会議での約束を破り、兄上であるあなた様の命にも従わず、あまつさえ逆臣柴田と結んで挙兵しました。信長様のお子ではありますが、このまま生かしておいては織田家の行く末のためにならないのではないでしょうか」とでも言ったのでしょう。信雄はバカ殿な上、もともと信孝が嫌いなので、秀吉の口車（くちぐるま）にまんまと乗って、切腹命令を出してしまいます。

つまり、**秀吉は「信雄の命令だ」というかたちをとって信孝に切腹を命じた**のです。

もちろん信孝はバカではないので、黒幕が誰かわかっていました。

その証拠に、信孝は死に際して次のような辞世（じせい）を残しています。

昔より主をうつみの野間なれば
報いを待てや羽柴筑前

信孝が切腹をすすめる信雄からの使者と会ったのは、当時身を寄せていた尾張野間（愛知県知多郡美浜町）の大御堂寺というところでした。実はこの場所は、かつて平治の乱に敗れた源義朝が家来の裏切りにあって殺された場所なのです。

ですから、詠まれたこの辞世には、「この内海（討つ身にかけている）の野間はかつて源義朝公が家来の長田忠致の卑劣な裏切りによって殺された場所だ。今に見ておれ秀吉め、長田忠致が最期は非業の死を遂げたように、お前もいずれかならず『主人殺し』の報いを受けるだろう」という信孝の呪いにも近い思いが込められているのです。

柴田勝家と信孝の死によって、秀吉の政権奪取を阻む存在は、幼い三法師とバカ殿信雄の二人を残すだけとなりました。

いくらバカ殿とはいえ、信雄は信長の息子ですから、彼を亡き者にしない限り、天下は自分のものになりません。秀吉はどうしても信雄を亡き者にする必要があったのです。

しかし、信雄自身はバカ殿でも家来はバカではありません。そこで信雄の陣営は、なんとかして信雄の命を守ろうと、徳川家康と手を組むことを画策（かくさく）します。

こうして秀吉の織田家乗っ取り大作戦の第二ラウンド、織田信雄・徳川家康連合軍対秀吉の決戦が始まることになっていったのです。

第一章のまとめ

- 秀吉はどのようにして織田家の権力をすべて奪い取ったのか、この大切なところが、現在の歴史教科書には書かれていません。
- 「中国大返し」には、一刻も早く明智を討つという目的に加え、自らの命を毛利の追撃から守るという、急ぐべき二つの理由があったのです。
- 最も大切な大一番、天下分け目の決戦に持てるすべてをつぎ込むことができた秀吉が勝ち、できなかった光秀が負けたということです。
- 清洲会議後、長浜城とお市の方を得た勝家は有頂天になり、北ノ庄に戻るという失敗を犯してしまいました。
- 秀吉がすごいのは、勝家の複雑な家族関係を情報としてきちんと得ており、それを最も効果的な方法で利用したということです。
- 賤ヶ岳の戦いにおいて勝家が負けたのは、誰がどう見ても戦線を突如離脱した前田利家のせいなのです。

第二章

教科書が教えない秀吉の真実

織田家潰しの「裏切り者」は、なぜ人気者になれたのか

◇大坂城は信長のアイデアだった

同年（※一五八三／天正十一）秀吉は、水陸交通にめぐまれた石山の本願寺の跡に壮大な大坂城を築き始め、1584（天正12）年には、尾張の小牧・長久手の戦いで織田信雄（信長の次男）・徳川家康軍と戦ったが、和睦に終わった。
（『詳説日本史　改訂版』山川出版社／〈※〉は引用者）

これは第一章の冒頭で取り上げた教科書の記述の続きです。

天正十一年、賤ヶ岳の戦い、北ノ庄城の戦いで柴田勝家を滅ぼし、続けて織田信孝を切腹に追い込んだ秀吉は、すぐに大坂城の築城に取りかかります。大坂城と言えば豊臣家を象徴する城ですし、この記述を読めば、多くの人が石山本願寺跡に城を最初に建てたのは秀吉だと思うでしょう。

しかし、実は秀吉は大坂城の初代城主ではありません。

大坂城の初代城主は織田信長で、二代目の城主は池田恒興、つまり秀吉は三代目の城主なのです。

石山本願寺が建つ土地に最初に目を付けたのは、織田信長でした。

ここはもともと本願寺の八代法主・蓮如の隠居所のあった場所ですが、天文元年（一五三二）、山科本願寺が焼き討ちにあったのを機に、天然の要害であったこの地に堀や土塁を巡らした守りの強固な城郭都市のような巨大寺院を建てたのです。

元亀元年（一五七〇）、信長は本願寺の十一代法主・顕如に、その石山本願寺の明け渡しを要求します。各地の戦国大名と同盟を結び、絶頂期を迎えていた顕如はこれを拒否。両者の対立は、十年に及ぶ石山合戦へと発展していきます。

信長の城と言えば安土城ですが、実は安土城は彼の理想の城ではありませんでした。**貿易国家を目指していたと思われる信長は、海に面した平たい土地に城郭をつくることを目指していた**からです。

その点、大坂は理想的な場所でした。

大坂は諸街道が交差する、とても交通の便のいいところです。目の前には大阪湾（当時の呼び名は「茅渟海」）があり、穏やかな瀬戸内海伝いに四国でも九州でもどこにでも行くことができます。しかも、港町にしては珍しく巨大な平地もあります。平地が広い土地は水に苦労するところが多いのですが、大坂は背後に琵琶湖という巨大な水がめを擁しているので、農業用水にも、飲料用水にも苦労する心配はありません。これは多くの人口を養うことができる土地だということです。

このように、都市を築くには理想的な土地であるにもかかわらず、これまであまり利用されてこなかったのは、セキュリティーの問題、つまり安全を確保できないと考えられてきたからです。交通の便が良く平地が広いということは、同時に大軍で攻めやすいということでもあります。この時代のほとんどの戦国大名が城を山の上につくったのは、都市の発展より守りを重視していたからです。

しかし、織田信長の考えは違いました。

彼は都市を城下町として経営・発展させることを優先し、城はもっと平地につくるべきだと考えていました。そして、守りにくいという欠点は、堀を広く深く掘り、そこから出た土は盛土に使い、さらにその上に石垣を築き、巨大な城をつくればいい。そうすれば平地でも充分守りを固めることができると考えたのです。

事実、**日本の城というのは、信長以前と信長以後ではその姿を大きく変えています。信長以前の城は砦のような「山城（やまじろ）」が主流でした。ところが信長以降の城は平地に建つ「平城（ひらじろ）」が主流となります。**

この変化に伴って、城に必須の構造物となったのが「石垣」です。

それまでも城に「石垣」がなかったわけではありませんが、今私たちが日本の城と言われて真っ先に思い出す石垣は信長によって考案されたものなのです。

信長が目指していたのは、火矢（ひや）を射られても燃えない漆喰（しっくい）の壁を持つ巨大な建造物です。漆喰で固められた四階も五階もあるような天守（てんしゅ）を支えるためには、従来の石垣

豊臣時代、秀吉築城の大坂城本丸復元模型（大阪城天守閣蔵）。今ある白い天守閣とは異なる黒い大坂城天守閣。建築史家・宮上茂隆の復元図を参考にしながら製作された。

では無理でした。

もっと堅牢な石垣（基礎構造）を求めていた信長が出会ったのが、近江国（滋賀県）の穴太衆という石工集団の技術でした。彼らは、比叡山の麓で寺院の石垣づくりを請け負っていたのですが、非常に精密で頑丈な石垣をつくる技術を持っていました。

彼らの技術を使ってつくられた初めての大城郭が安土城でした。当時の人々を驚かせた安土城の巨大天守は、この穴太衆の技術によって初めて可能になったものだったのです。

信長が大坂には安土よりも大きな城をつくろうとしていたことは、容易に想像がつきます。

しかし、本願寺の徹底抗戦を受け、信長がこの理想の土地を手に入れるまでには約十年もの年月を要してしまいました。

天正八年（一五八〇）、本願寺はついに石山を明け渡すという条件で講和を結びます。

城構えの壮大な伽藍を誇った石山本願寺はこの明け渡しのとき、全焼しています。おそらくは信長に建物を渡すことを潔しとしなかった本願寺の人々が、寺を退去するときに火をかけたのでしょう。

ですから、本能寺の変が起きたとき、大坂にあったのは焼け野原に建つ仮普請の城に過ぎませんでした。ちなみに、本能寺の変のとき、四国攻めのために信孝・丹羽長秀率いる大軍勢が大坂に集結していたと前章で述べましたが、それはこの仮普請の大坂城に集まっていたのです。

信長の死後、清洲会議の遺領配分でこの仮普請の「大坂城」を引き継いだのは、池田恒興でした。しかし恒興は、城に何も手を加えないまま、わずか一年弱で秀吉に引き渡しています。

秀吉はこの城を手に入れると、驚くべき手際の良さで巨城の築城を進めていきます。

そんなことができたのは、歴史から消されてしまっていますが、「信長の考えた設計図」のようなものがあって、秀吉はそれをちゃっかりいただいてしまったからなのだと考えられます。

何しろ本能寺の変が起きるまで、秀吉は自分が天下人になるなどとは思ってもいなかったはずです。それが天下を取れるかも知れないと思って動き始めてから、わずか一年ちょっとで、大坂城の建築に入っているのです。秀吉にゼロからあれだけの巨城の構想を考える暇はなかったでしょう。

でも信長は、十年以上前から、石山本願寺の土地を手に入れて「理想の城」を建てたいと思っていたのです。明確な「設計図」まではなかったとしても、どのような城をつくるつもりなのか、明確なビジョンを持ち、身近な者たちには語っていたはずです。

つまり、**秀吉を象徴する巨城「大坂城」は、実は信長のアイデアを秀吉が形にしたものだ**ということです。

秀吉がすごいのは、この巨大城郭を、まだ天下を取っていない段階でつくったということです。巨大な城を築くには莫大な金が必要です。天下取りのための戦いを重ねていたこの時期に城までつくるということは、秀吉は桁外れの金集めの才能を持っていたということを暗に示していると言えるのです。

◇信雄と秀吉の決別で舞い込んだ家康の幸運

信孝が亡くなったことで、天下取りを目指す秀吉にとっての邪魔者は信雄と三法師だけになりました。三法師はまだ幼子なのでなんとでもなりますが、いくらバカ殿でも、信雄は信長の息子です。彼が生きている限り、秀吉が主家を飛び越えて天下人になることはできないので、なんとかしなければなりません。

とはいえ、信雄を亡き者にするうまい口実もありません。

そこで秀吉は、天正十二年（一五八四）正月、織田信雄に対し、大坂城に年賀の礼に来るよう使いを出します。

この意味がおわかりでしょうか。当時、「俺の所へ挨拶に来い」というのは、「俺の家来になれ」ということとほぼ同義でした。ほんの半年前まで「信雄様、信雄様」と持ち上げていた秀吉が、信孝が死んだ途端に掌（てのひら）を返したように態度を変え、「なぜ俺の所に挨拶に来ないんだ」と、非常に無礼なことを言ってきたわけです。

もちろん、これは「挑発」です。

信雄を討つ口実が欲しい秀吉は、彼を怒らせて兵を挙げさせようとしたのです。

いくらバカ殿の信雄でも、「挨拶に来い」という言葉の意味はわかっていますから、これには激怒しました。しかし、「冗談じゃない」と突っぱねれば、秀吉と戦わなければならなくなります。戦いになったら信雄に勝ち目はないので、重臣たちは怒る信雄を懸命に諫（いさ）めました。

しかし怒りが収まらない信雄は、諫める三人の家老（浅井長時（あざいながとき）、岡田重孝（しげたか）、津川義冬（よしふゆ））を、秀吉に内通していると疑い、殺してしまいました。

実はこれも秀吉の陰謀だったという説があります。秀吉は、目障（めざわ）りな三人の家老を、いかにも自分と内通しているように見せかけ、信雄との信頼関係に亀裂を生じさせ、信雄が彼らを殺すよう仕向けたというのです。

家老というのは、戦時に大将である主（あるじ）を補佐して軍団を指揮する立場にあります。ですから、家老職には家柄だけでは就（つ）けません。少なくとも五〇〇〇人ぐらいの兵士を指揮できる能力を持つ人でなければ、家老職は務まらないからです。

つまり、**家老を三人も殺してしまったことで、信雄の軍は一万五〇〇〇の兵を動かせなくなってしまった**のです。当時、信雄が動かせた兵は三万ほどなので、これが意図的な企（たくら）みだったとしたら、見事な謀略です。なぜなら、秀吉は戦わずして信雄から半数の兵力を奪ったことになるからです。

大事な家老を三人も殺してしまったことで窮地に陥（おちい）ったかに見えた信雄でしたが、彼はここでおそらく彼の人生において最も良い選択をします。

秀吉と手を切って、徳川家康と組んだのです。

徳川家康は織田家の同盟者であって家来ではありません。立場から言えば、信長と家康は同格です。家臣ではない家康には、信長の天下を引き継ぐ資格がありました。ここが信長の家臣であった秀吉との大きな違いです。

ここで信雄を助けるというかたちで、逆臣秀吉を討てば、天下は自分のものになる。そう考えたであろう家康は、喜んで信雄と手を結び、秀吉との対決へと動き出しました。

◇織田家中(かちゅう)の空気を一変させた池田恒興の裏切り

教科書の記述を読むと、この時点ですでに秀吉の天下はほとんど固まっていたように見えますが、そうではありません。

むしろ当時の人たちは、信雄・家康連合軍の方が有利だと思っていました。なぜなら**「正義」は、明らかに信雄・家康連合の方にあった**からです。

これまで秀吉は、あくまでも「織田家の忠臣」という立場で逆臣・明智光秀(あけちみつひで)を討ち、逆臣・柴田勝家を討ち、織田家に禍(わざわい)をなす信孝を追い詰めてきました。しかし、ここで信雄を討つということは、「逆臣」になることを意味していました。

実際、家康方は決戦を前に秀吉を「逆臣」として糾弾する弾劾文(だんがいぶん)を秀吉側に送りつけています。

これでは今まで秀吉に味方していた者たちも、信雄・家康連合についてしまうだろう。多くの人がそう思いました。

ところが**秀吉は、ある人物を味方に引き込むことで、織田家中の空気を一変させてしまいます。その人物とは、池田恒興です。**

池田恒興は、織田家中きっての重臣で、柴田勝家亡き後は織田家の筆頭家老の立場にありました。それだけに、清洲会議では秀吉に与した恒興も、今度ばかりは信雄に味方するだろうと誰もが思っていたのです。何しろ恒興は、信長の乳兄弟という、織田家とは特別深い縁を持つ人物でもあります。

それに、清洲会議のときには秀吉に「直系が跡目を継ぐべき」という道理がありました。しかし今回は違います。信雄ではなく秀吉につくということは、大恩ある織田家を裏切ることに他なりません。

武家の主従関係は、主から与えられた「御恩」に「奉公」を以て返すというのが基本です。恒興はただの御恩ではなく「大恩」を受けているのだから、裏切るはずがない、ということです。

しかし、現実には恒興は織田家を裏切り、秀吉に味方しました。

そして彼の裏切りによって、「大恩ある池田恒興ですら裏切ったんだ、俺が裏切ったってたいしたことはないだろう」という空気が織田家中に広がったのです。

では、恒興はなぜ主家を裏切り、秀吉についたのでしょう。

答えは、簡単です。「欲」に転んだのです。

もちろん恒興も最初から欲得で裏切ったわけではありません。秀吉から味方してくれるよう使いが来たとき、『太閤記』の描写を用いれば、「身もかな二つと思ひ累ひ(この身が二つあればいいのにと思い悩んだ)」といいます。家中も「忠義を尽くすべきだ」と言う者と、「時勢は秀吉にある」と言う者に二分され、紛糾しました。

そんなとき、秀吉から誓紙が届けられたのです。

そこには、「もし味方してくだされば、領国として美濃、尾張、三河の三国を差し上げます」と書かれていました。

これが決定打となり、恒興は秀吉に味方する決心をしたのでした。

池田恒興の家臣、片桐半右衛門は主のこの決断を「信長公の御厚恩をも忘れて、秀吉に味方するなど筋が通らない。将来ろくなことにはなるまい」と嘆いたと『太閤記』は記していますが、この予言は半分は当たり、半分ははずれたと言えるでしょう。

なぜなら恒興自身は、小牧・長久手の戦いで命を落とすという不幸に見舞われますが、池田家はこの決断のおかげで、秀吉の世はもちろん江戸時代になっても大名家としてしぶとく生き残っていくからです。

◇秀吉の弱い立場が小牧・長久手の戦いの敗因に繋がった

秀吉との直接対決を決心した家康は、精鋭八〇〇〇を率いて本拠である遠江国（静岡県の大井川以西）浜松城を出発し、天正十二年（一五八四）三月十三日に尾張の清洲城で信雄軍一万と合流します。

まさにその日の夜、池田恒興は信雄の領有する尾張の犬山城を攻め、わずか一晩でこれを落とすと、その勢いのまま小牧山へ兵を進め、気勢を上げました。

こうして秀吉側の勝利で口火を切った小牧・長久手の戦いは、次第に秀吉に家康の怖さを思い知らせるものとなっていきます。

知らせを受けた家康は、すぐに恒興軍に追撃を仕掛け、彼らが犬山城まで引くと、すかさず当時廃城だった小牧山城（愛知県小牧市）に布陣します。

小牧山城は濃尾平野を見渡す小高い丘のような小牧山に信長が建てた城です。信長が美濃を奪う拠点として設けたこの城は、当時は役目を終えて廃城となっていました。

次に動いたのは、恒興の娘婿の森長可でした。森長可は、本能寺の変で信長とともに討死した森蘭丸の兄に当たる人物ですが、非常に武勇に優れ、「鬼武蔵」という異名で恐れられた、恒興にとっては自慢の「婿どの」でした。

義父の恒興が一番手柄を立てたことをうらやんだ長可は、功を焦り、居城の美濃金山城（岐阜県可児市）を出陣し、小牧山の北方八キロほどの羽黒という所で攻撃の機会を狙いました。しかし、いち早く長可の動きを察知した家康軍によって、長可は逆に奇襲をかけられ、命からがら逃げ帰るという恥辱の敗戦を喫します。

森長可の敗北を聞いた秀吉は、近江坂本に三万の兵を集めると、急ぎ尾張に向かいました。尾張における秀吉軍の総勢は恒興軍と併せて一〇万、対する家康軍は一万八〇〇〇。数の上では圧倒的に秀吉軍が勝っていました。

しかし、家康軍は小牧山という要害の地に布陣している上、本国が近いので長期戦に耐えられます。

一方秀吉軍は、数だけは勝っていますが、その内実は「寄せ集め」な上、味方してくれた諸将も秀吉の家臣ではないので、統制が取れていませんでした。さらに、本拠の大坂城は未完成なので、敵対勢力に攻められる危険があり、長期戦はできないという弱みも抱えていました。

守りは堅いけれど、兵が少なく打って出られない家康軍と、うっかり手を出して手こずったら困ると手を出せずにいる秀吉軍の間で、膠着状態が続きました。

このとき全国の人が羽柴秀吉と徳川家康、のどちらが勝つのか見守っていました。

そうした中、池田恒興が一つの策を提案します。

それは、がら空きになっている家康の本国三河を攻める、というものでした。もちろんこの献策の背後にあるのは、かわいい娘婿の名誉挽回をはかりたいという思いです。

確かに家康は、このとき精鋭をすべて小牧山に連れてきていましたから、三河の守りはそれほど堅くありませんでした。

それでも秀吉は、この策に難色を示します。なぜなら奇襲には、万一相手に気づかれた場合、大敗の危険があるからです。よほどの戦上手でなければ難しい上、敵の家康は、先の長可の失敗でもわかるように諜報能力に長けているのです。

おそらくこのとき、秀吉は言えるものなら「お前には無理だ」と言いたかったと思います。しかし、秀吉は彼らの主君ではありません。命令することはもちろん、相手のプライドを傷つけるようなことも言えません。もし「お前たちに本当にできるのか？」とでも言おうものなら、へそを曲げて味方をやめ、敵陣に走ってしまうかも知れないのです。

困った秀吉は、「では、くれぐれも速やかに岡崎へ向かってくれ」とだけ言って、恒興に押し切られるかたちで三河奇襲の許可を出しますが、この作戦行動にはかなりのリスクが伴います。そして案の定、この奇襲は失敗します。

その理由も、恒興・長可軍がぐずぐずしていたからでした。

このとき秀吉軍が陣を張っていた尾張の楽田城（愛知県犬山市）から、三河の岡崎城までは、通常の行軍なら二日、秀吉ならもっと早く行けた距離でした。にもかかわらず、恒興・長可軍が丸一日かけて進んだ距離はわずか一〇キロほどでした。そのため行軍二日目にはすでに家康の諜報網にかかり、彼らが岡崎を奇襲すべ

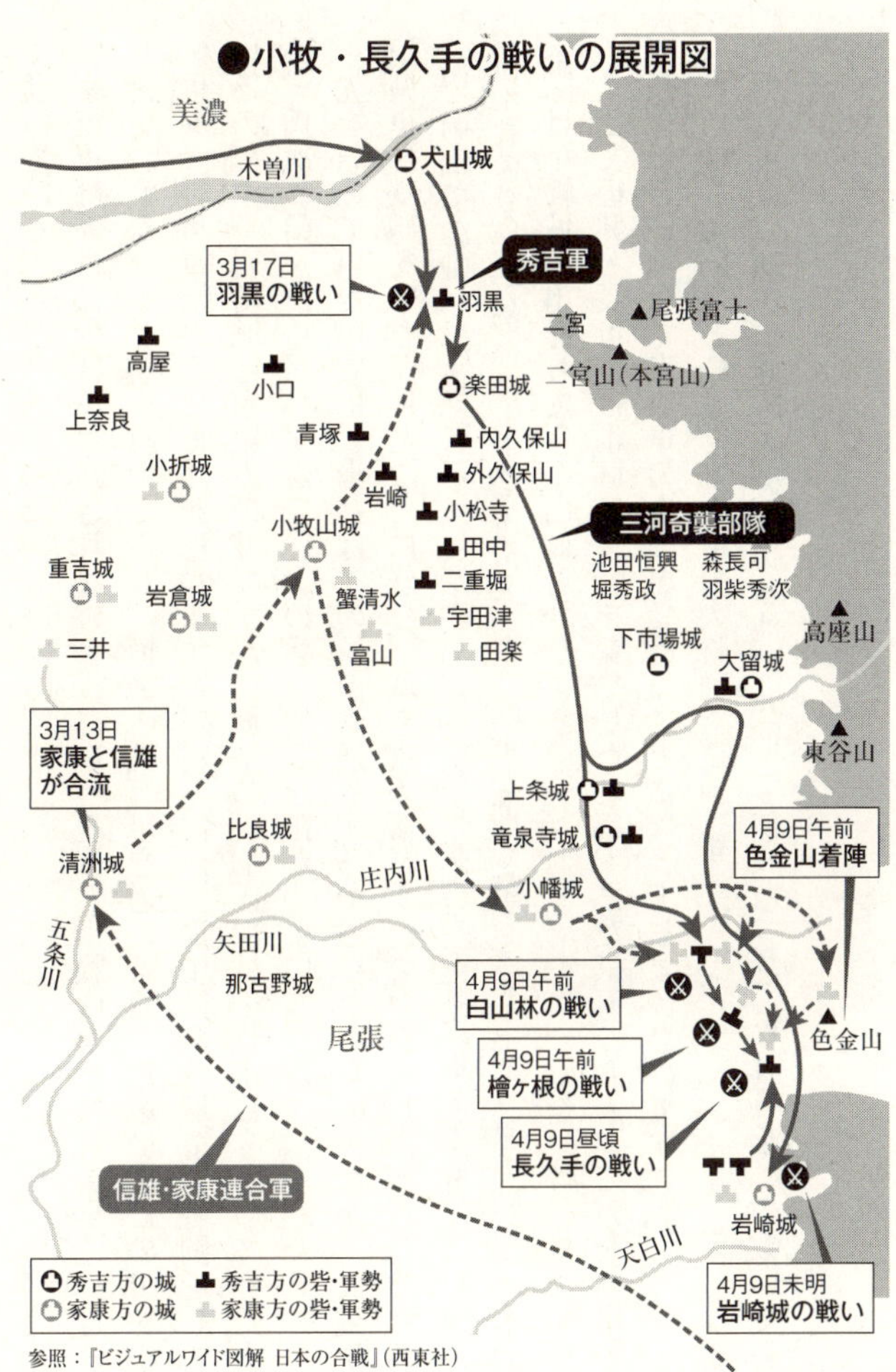

参照：『ビジュアルワイド図解　日本の合戦』(西東社)

く動いていることがバレてしまっていたのです。

家康軍は秀吉に動きを察知されないようにひっそりと小牧山を出て、素早く動きました。わずかな手勢を小牧山に残し、恒興・長可軍を逆に奇襲する策に出たのです。

恒興・長可軍はさらにミスを重ねます。三河に向かう途中の岩崎城で、戦闘をしているのです。岩崎城は家康方の城ですが、城主の丹羽氏次は小牧山に参陣していたため、氏次の弟・氏重がわずか三〇〇の兵で留守を預かっていました。

先を急いでいた恒興は、当初はこの城を素通りするつもりだったのですが、氏重が恒興軍に鉄砲を撃ちかけたことに怒り、城を攻め落とすまで戦ってしまったのです。

岩崎山での戦いが行われている頃、羽柴秀次軍が別動の家康軍の奇襲により敗走(白山林の戦い)。勢いに乗る家康軍を堀秀政軍が迎え撃ちます(檜ヶ根の戦い)。家康本隊は小幡城を出発して色金山に着陣します。

そして恒興・長可軍は小城に時間を費やしたため、まだ三河にも入っていない尾張の長久手という所で家康軍の奇襲を受けることになってしまったのです。

戦いは二時間ほど続き、家康軍の大勝利で終わります。

秀吉軍は、池田恒興とその嫡男・池田元助(之助)、そして森長可をこの戦いで失いました。

◇秀吉の逆襲、家康の誤算

恒興・長可軍の大敗を知り、秀吉は慌てて戦場に向かいましたが、時すでに遅く、家康は勝利したという名誉を守り、小牧山に引っ込んで時を待ちました。

「これで世論の支持は俺に集まるだろう」と、考えたのです。

正義は家康の方にあり、戦にも勝った。となれば、あとは放っておいても流れは自分のものになると、とらぬ狸の皮算用をしたわけです。

でも、それは間違いでした。

秀吉は、ここで余人には考えつかない、まさに秀吉ならではという起死回生の一手を打ちます。

それは「あのバカ殿を口説(くど)いて講和してしまおう」ということでした。

信雄を口説いて講和してしまえば、家康は「信雄様を助ける」という大義名分(たいぎめいぶん)のもとに戦っているわけだから、拳(こぶし)の振りおろしどころがなくなると考えたのです。

でも考えてみてください。そもそも織田信雄は「このままでは、秀吉に殺される」と思ったから家康と組んだのです。その家康が秀吉に勝っているのに、講和を結ぶとは普通は考えられません。ですから普通の人は、絶対にこういうことは考えないものです。

しかし秀吉は、そういうことを思いつき、実行に移し、しかも成功させてしまう大天才なのです。まさに秀吉が「人たらし」と呼ばれる所以です。

では、具体的にどのようにして信雄を口説いたのでしょう。

その経緯だけをごく簡単に述べると、小牧・長久手の戦いの後、秀吉は信雄の城を次々と落とし、信雄の我慢の限界を見計らったところで、まず使者を送り、「私は信雄様に悪意など抱いていません」と釈明し、その後、二人で会って講和を結んだ、ということになります。しかし、なぜそれで講和に至ったのかと聞かれたら、「秀吉が人たらしだったから」としか言いようがありません。

そもそも、信雄が秀吉と対面したということ自体が、普通では考えられないことです。

秀吉は智者でも口説いてしまう「人たらし」の天才で、信雄は極めつきの「バカ殿」です。この勝負は、二人が直接会談を持った時点で決していました。

秀吉にとって幸いだったことは、このとき信雄が、家康とは行動を共にせず、自分の領国である伊勢（三重県）に戻っていたということです。

そして**家康のミスは、信雄を監視するための人物を付けておかなかったことです。**

もしも、家康が信頼できる人物を信雄に付けていたら、「秀吉の甘言に騙されてはいけません」と信雄を諌めていたことでしょう。

しかし、まさかこんな想定外の手に出るとは思ってもいなかった家康は、二人の間で講和が成立してからこのことを知りました。

家康は信雄に請われて戦っていたわけですから、勝手に講和など結ばれたら、普通は怒ります。何しろ家康軍でも多くの犠牲者が出ているのです。

しかも、三河・遠江・駿河・甲斐・信濃が領国の家康が、わざわざ信雄の領地である尾張にまで進出して秀吉軍を撃破したのですから、信雄が勝手に講和を結ぶのなら、お礼とお詫びに尾張を差し出すぐらいのことをしてもしかるべきです。しかし信雄は、自腹を切って戦ってくれた家康に何もしていません。

腹立たしいけれど、講和が成立したのにこれ以上尾張に家康が居座ると、今度は、信雄と手を結んだ秀吉が「信雄様の領地に勝手に居座る家康を討て」と言い出しかねないので、家康はぐっと我慢して、兵を引いて領国に戻りました。

講和が成立したことを知らせる使者が来たとき、家康が秀吉の使者に言った言葉が伝えられています。

「天下のため大慶至極」

つまり、天下国家のために二人が和解されたのは大変結構なことです、ということです。

◇毛利と長宗我部も秀吉の勢いに屈服する

天下の形勢は決しました。

しかし、まだこの時点では中国、四国、そして九州が残っていました。

中国の毛利氏は、この頃から次の天下人は秀吉だろうと読み、毛利元就の三男の小早川隆景を秀吉に接近させていました。

毛利元就の長男の隆元はすでに亡く、毛利本家はその息子の輝元が継ぎ、それを元就の次男で吉川家を継いだ吉川元春と、三男で小早川家を継いだ小早川隆景が支えていました。吉川元春はどちらかというと武闘派でしたが、小早川隆景が「これからは秀吉の世になる」と進言したため、若い当主を守るためにも秀吉とは敵対せず従うことで領地を保全する道を選びます。

もちろん秀吉に仕えるなんて嫌だ、という人もいました。その代表が四国をほぼ統一していた長宗我部元親です。

秀吉は、天正十三年（一五八五）、家康との和睦を成立させたチャンスを活かし、四国をあっという間に平定しました。家康も驚くような素早さです。長宗我部元親は土佐（高知県）に割拠する国人の一人に過ぎませんでしたが、武力によって土佐を統

一、そして残りの三カ国を統合した戦上手です。以前も信長に従うことを拒否して怒りを買い、討伐軍が出航する直前に本能寺の変が起きるというギリギリのところにいました。

天下の形勢が秀吉に決まっても、長宗我部元親はなびかなかったため、今度は秀吉が弟の羽柴秀長を総大将に、黒田官兵衛（黒田孝高）を軍師につけて一〇万の大軍を送り込みます。

長宗我部元親は、一度は抵抗するものの、一〇万の大軍にはとても敵わないということで降伏。秀吉は、「おまえはもともと四国のうち土佐の国人だったのだから、わしに仕えるのであれば、土佐一国だけは安堵しよう」と言い、この条件を元親は呑み、秀吉の傘下に入ります。

◇朝廷内の争いにつけ入り、関白の座を手に入れる

家康を退却させ、実質的な「天下人」になったとはいえ、公式には秀吉はまだ織田・徳川連合軍の中の第一人者になったに過ぎません。あくまでも名目上の当主は三法師です。

とはいえ、いくら秀吉でも、ここで幼い三法師を殺すようなことはできません。そ

こで、秀吉はあるものを利用することで、この最後の壁を乗り越えていきます。

彼が利用したのは朝廷です。

朝廷は、大名や公家に官位を与える権限を持っています。

官位は一番上が正一位、その次が従一位、そして正二位、従二位、正三位、従三位と続きます。四位以下はさらに上下がついて、正四位上、正四位下、従四位上、従四位下と続き、下に行けば行くほどその数は多くなっていきます。

武家の棟梁として権威を示すためにはそれなりの官位が必要です。実際、信長も生前に一度右大臣になっています。

秀吉も政局を動かしていくために、朝廷に官位を願い出るわけですが、もし彼に織田家の天下を乗っ取るつもりがなければ、このとき「三法師様をしかるべき位に乗せてください」と願い出たでしょう。

しかし、秀吉はそれをせず、自らの官位を願い出ます。

もちろん三法師は信長の嫡孫（直系の孫）であり織田家の当主でもあるので、普通の大名がもらうぐらいの官位はもらっていました。でも、秀吉が次々と自らの官位を上げていったことで、三法師の位を追い越してしまったのです。

これによって、織田家の中では三法師の方が上ですが、より公の立場である朝廷では秀吉の方が三法師よりも上の立場ということになりました。

官位が上であるということは、**日本国の本当の主人である天皇が、秀吉を三法師より上だと認めたことになるので、公の場では三法師は秀吉に頭を下げなければならない立場になった**のです。

秀吉はこの立場を使ってのし上がっていきました。

もちろん一足飛びに大臣というわけにはいきません。それでも一年ごとに、確実に階段を上っていきました。

本能寺の変が天正十年（一五八二）。翌十一年には大坂城を築き、十二年には従三位を賜り、権（副）大納言になっています。従三位以上は「公卿」と呼ばれます。

そのまた翌年には正二位、内大臣の官位を得ています。

内大臣は高位ですが「臣」という文字がつくことからも明らかなように、立場はあくまでも天皇の臣下です。これではまだ天下を制圧したとは言えません。

そんなとき、四国討伐を行っていた最中のことですが、彼にとって非常に都合のいい出来事が起こります。

それは、関白の座をめぐる朝廷内の争いです。

関白というのは、藤原氏が天皇家から実権を奪うために創設した地位です。勘違いしている人が多いのですが、関白は正確には官職ではありません、身分・地位を示す言葉です。

もともと天皇が幼い子供だったり女性だったりしたときに、天皇の代わりに仕事をするものとして「摂政」という役職が朝廷にはありました。この天皇の代理をできる権限を、天皇が成人した後も行使できるとしたのが関白です。

関白の地位には誰でも就けるわけではありません。藤原氏の中でも特別な五つの家、具体的に言うと「近衛・鷹司・九条・二条・一条」という五つの家の者しかなれないと決まっていました。この五つの家を総称して「五摂家」と言います。

この当時、五摂家の嫡男はみな関白になれました。ということは、当時の関白は「終身」ではなくなっていた、ということです。

たとえば鷹司家の嫡男が関白に就いたとして、その人が死ぬまで関白でいたら、他の四家には関白の地位は回ってこなくなってしまいます。これでは不公平だというので、政治の実権が朝廷から武士に移行してからは、二年から三年ほどで次の家に位を譲ることが暗黙の決まり事になっていたのです。

そのため、「そろそろやめてください、あとがつかえてますから」と言われるようなこともしばしば起きており、もともと争いが起こりやすい状況ではあったのですが、このときたまたま、この関白の地位をめぐって五摂家が大もめにもめたのです。

もめ事の原因は、時の関白・二条昭実がもう一年やりたいと位を譲るのを渋ったことでした。もちろん他の四家は「なんで早くやめないんだ」と不満を訴えます。

この朝廷内のもめ事に秀吉が介入したわけですが、その収め方というのが、これまた前代未聞のやり方でした。

なんと、**秀吉自身が五摂家筆頭である近衛家・近衛前久(さきひさ)の養子になって、関白になってしまった**のです。「そんな争いの種になるなら、争わなくて済むように私がなってあげよう」というわけです。

近衛前久という人は、公家としては変わり者で、戦争が大好きでよく織田信長のところに見学に行ったりしていましたから、秀吉とも面識があったのでしょう。秀吉は彼を、おそらく買収したのだと思いますが、彼の猶子(ゆうし)になり、本来なら就けないはずの関白の地位に自らが就いてしまったのです。

ちなみに、猶子というのは、養子の一種なのですが、財産を継ぐ権利を持たない養子を指す言葉です。猶子は財産は継げませんが、地位は継げます。

とはいえ、こうしたことは勝手にできることではありません。

近衛前久に取り入り買収したのはもちろん、天皇に多額の献金をしたり、他の四人

Point

関白となった豊臣秀吉は、ついに織田家の上になった！

の候補者に対しては脅しをかけたりと、あらゆる手を尽くしたことでしょう。

とにかく、関白位をめぐる争いに乗じて、秀吉は「関白」の地位を手に入れました。

さらに秀吉は、自分が関白になるだけでは満足せず、関白の地位を独占する手立てを講じます。

実は、**この手立てこそ「豊臣」という姓なのです。**

豊臣という姓は、誰が考案したものなのかはわかっていませんが、「天皇から下賜された」というかたちで秀吉に与えられています。

姓と苗字は今は同じものとして扱われていますが、本来は違うものです。姓は自らの血筋を示すもので、苗字はもともとは住んでいる場所を示すものでした。たとえば、五摂家は、「近衛・鷹司・九条・二条・一条」と異なる苗字で区別されていますが、彼らの姓はすべて同じ「藤原」です。

つまり**秀吉は、新たに「豊臣」という姓を天皇から賜り、それを既存の姓「源」「平」「藤原」「橘」などよりも上位の姓に位置づけることで、今後は関白に就けるのは豊臣姓の者に限る、としたのです。**

実際秀吉は、後に関白の地位を養子の秀次に譲っています。しかしその後は、秀頼が大坂の陣で死んでしまったため、この目論見は成功しませんでした。

ちなみに、秀吉が「太閤さん」と呼ばれるのは、関白だったからです。

太政大臣までは天皇の臣下なので「閣下」と呼ばれますが、関白は準皇族的地位なので、その呼び名は「殿下」と変わります。そして、関白を退くと「太閤殿下」と呼ばれます。

関白を退いた人はすべて太閤なので、実は「太閤さん」は秀吉の他にもたくさんいます。そのため古くは豊臣の「豊」の字をつけて「豊太閤」と呼んで区別されていました。

◇家康を屈服させた秀吉の奇想天外の一手

関白になった秀吉は、家康に大坂に挨拶に来るよう使いを出します。先に説明したとおり、これは「俺の家来になれ」ということです。

しかし、何度使いを出しても家康は動こうとしません。家康にしてみれば、うかうか大坂に行って殺されてはたまらない、と思ったのでしょう。

秀吉も家康が何を恐れて動かないのかわかっていました。

そこで一計を案じます。

当時正室のいなかった家康に、自分の妹・あさひ（朝日姫、旭姫）を妻に迎えるよう縁談を持ちかけたのです。縁談というかたちを取っていますが、その実態は「人質」です。

「俺の妹を人質として預けるから、安心して大坂に挨拶に来い」ということです。

家康はこの縁談を受けますが、大坂へは出向きませんでした。

秀吉が怒って攻めてくる可能性もありましたが、この時点の秀吉は、まだ天下を統一できていません。東北の伊達政宗、関東の北条氏政、そして九州の島津などもまだ秀吉に従ってはいませんでした。また、天正十三年（一五八五）十一月に日本の中部で起きた「天正地震」による大災害もありました。そうした状況下で秀吉は動かないと家康は見抜いていたのでしょう。

ここで秀吉は、またしても前代未聞の行動に出ます。

なんと、もう一人、それも今度は自分の母親を人質として家康のもとに送ったのです。

もちろん「人質として送ります」と言ったわけではありません。体調を崩していたあさひ姫の見舞いに「母が伺います」というかたちで送り込んだのです。

妹に加え、実母まで人質として預かってしまったら、家康は大坂に行かざるを得なくなります。天下人にそこまでさせておきながら無視したら、「徳川殿もたいした人物ではないな」という噂が広がってしまうからです。

普通は人質というのは、相手が裏切らないように、あるいは決して裏切りませんという約束の証として、立場が下の人間が上の人間に差し出すものです。

でも、この時点で立場は秀吉の方が上です。上の人間が下の人間に人質を差し出すなど前代未聞です。実際、この秀吉の決断は秀吉の軍師さえも驚かせたと伝えられています。

秀吉の行動は、そうしたセオリーを無視した奇想天外の一手だったのです。

自分の実母を家康に差し出して上洛を促すというのは危険な策に見えますが、秀吉の中では充分な勝算があってのことだと私は思っています。なぜなら、秀吉の妹・あさひを娶った時点で秀吉の母は、家康にとって義母になっていたからです。しかも、実母を家康のもとに送るということは、秀吉の「溢れる好意」を示す行動です。万が一、義母を殺せば家康は「親殺しの冷血漢」という汚名を自ら纏うことになるのです。

さすがの家康も、もう打つ手がないと、観念して大坂へと向かいます。

この攻防、**実は秀吉の妹・あさひを家康が娶った時点で、秀吉の勝ちだった**のです。

さらに、「あさひを娶る」ことにはもう一つ、大きな意味がありました。それは、これによって**秀吉と家康の関係は、義理の「兄と弟」になった**ということです。

対等な関係で頭を下げると、その関係は明らかな主君と家臣になってしまいますが、義理でも兄弟という立場であれば、弟が兄に対して礼を尽くすのは当然なので、家康は頭を下げやすくなります。

秀吉はそういうことまですべて計算した上で、縁組みを提案していたのです。

さらに念入りなことに、家康が大坂に着き、明日は対面という夜、秀吉は自ら家康のもとを訪れ、その労を謝しています。翌日、大坂城で正式に対面したときには、二人は「主従」として挨拶を交わすことになります。それが家康にとって本望ではないことを知っている秀吉は、あらかじめプライベートで会い、家康のご機嫌を取ったのです。

こうして天正十四年（一五八六）十月二十七日、家康は秀吉の望み通り、大坂城の広間において、上座の一段高い所に座る秀吉に深々と頭を下げ、臣従（しんじゅう）を誓いました。**戦いには勝った家康でしたが、術策では秀吉に敵わなかった**のです。

◇軍事上も貿易上も大切だった九州「征伐」

家康を従えることに成功し、東海地方以東の憂いを払拭（ふっしょく）した秀吉は、懸案だった九州征伐に乗り出します。

当時の九州は、豊後国（大分県）の大友宗麟と薩摩国（鹿児島県西部）の島津義久によって事実上二分されていました。

大友氏も島津氏も名門守護大名で、両者は「九州北半分の王者・大友」と「九州南半分の王者・島津」としてその勢力を拮抗させていました。しかし、天正六年（一五七八）の耳川の合戦で大友が大敗北を喫してからは、島津に領地を奪われ、大友は危うい状況にありました。

このままでは、大友は島津に滅ぼされてしまう。危機感を抱いた大友宗麟は、秀吉に助けを求めました。

当時、九州はとても重要な貿易拠点でした。

実は、大友宗麟が代表的な人物ですが、九州には多くのキリシタン大名がいました。彼らはなぜキリシタン（キリスト教徒）になったのでしょう。これは**信仰の問題というより、貿易のためだった**のです。キリシタンになると宣教師を通じて西洋の商人と取引ができるようになります。布教を許可し、教会を建ててやれば、さらに西洋の貿易船が頻繁に訪れるようになります。

戦国時代の大名にとって、そのことはとても大きな意味を持っていました。

なぜなら、西洋の貿易船から鉄砲を使うのに必要不可欠な「硝石」（硝酸カリウム）を購入することができるからです。

当時すでに鉄砲は国産できていました。鉄砲自体は輸入品より国産のものの方がむしろ優秀だったぐらいです。しかし、どれほど鉄砲が優秀でも、火薬がなければ、ただの鉄棒に過ぎません。その問題の火薬には三つの原料が必要です。木炭と硫黄、そして硝石です。

日本は森林が豊かなので、木炭はいくらでも手に入ります。また、硫黄も火山国なので日本では簡単に手に入ります。特に九州は大きな火山がたくさんあるので硫黄は有り余るほどありました。

問題は硝石です。硝石は日本では採れません。後に日本でも人工的に硝石を製造できるようになりますが、その技術がまだなかった当時は、硝石は輸入に頼るしかありませんでした。つまり、九州の大名たちは鉄砲に不可欠な硝石を手に入れるために、こぞってキリスト教に入信したのです。

ちなみに、日本ではふんだんに採れる硫黄ですが、海外では貴重品でした。特に中国では硫黄はほとんど採れません。そこで**キリシタン大名たちは豊富な硫黄を輸出して、貴重な硝石を得ていた**のです。

そういう意味でも、秀吉にとっても九州は軍事上とても重要な場所だったのです。

大友の願いを受けた秀吉は天正十三年(一五八五)、両者に停戦を命じます。島津も一度は停戦を受け入れようとしますが、現場での争いは収まらず交戦状態が続きました。この後も秀吉は島津に大友から奪った土地を返すように命じますが、島津はこれを拒否。ついに秀吉は「九州征伐」を決意します。

ここで私がこれまでとは違う言葉を使ったことにお気づきでしょうか。

これまでは四国討伐というように「討伐」という言葉を用いていましたが、九州では「征伐」を用いました。

同じ意味を持つと思われがちな「討伐」と「征伐」ですが、この二つの言葉には決定的な違いがあります。

「征伐」という言葉には、野蛮な悪いやつらをやっつけるという差別的な意味合いがあるのですが、実はこの言葉を使えるのは、基本的に天皇だけなのです。

幕末、幕府と対立した長州藩に対して幕府軍は「長州征伐」という言葉を用いていますが、このときにも孝明天皇の許可をもらっています。つまり、天皇から「あいつをやっつけろ」という命を受けた戦いのときだけ「征伐」という言葉が使えるのです。

では、九州征伐も天皇の命だったのでしょうか。

違います。実はもう一人、「征伐」という言葉を使える人がいるのです。

それが、天皇と同等の権限を持つ関白です。関白は天皇の権限をすべて代行できるので、関白になると「征伐」という言葉を正式に使えるようになるのです。

「征伐」という言葉を用いるということは、その軍は官軍であり、敵は朝敵、つまり天皇家の敵という不名誉な立場になるわけです。

秀吉はこの時点で関白になっているので、秀吉を「成り上がり者」と見下し、その命に従おうとしない名門守護大名の島津に、関白としての権威を以て対抗したのです。

結果は秀吉軍の勝利。島津は今の鹿児島県内、当時の名前で言うと薩摩、大隅、それに日向（宮崎県）の一部だけを安堵され、残りの領地はすべて取り上げられました。

◇北条は秀吉と真田昌幸の策略にはめられた!?

四国を平らげ、中国を傘下に収め、家康を屈服させ、九州を平定した秀吉にとって、残る大敵は関東の北条と東北の伊達だけでした。秀吉は天下統一の最後の戦い「北条攻め」で、この二つの懸案を一度に解決しています。

関東は俗に「関八州」というように八つの国からなります。その中心は武蔵国。これは現在の東京プラス埼玉県の辺りです。その東に常陸国、これは現在の茨城県です。さらに下総国、上総国、安房国。安房の「房」と上総・下総の「総」を合わせて「房総」と言いますが、これは現在の千葉県です。これに下野国（栃木県）と上野国

真田昌幸（上田市立博物館蔵）

（群馬県）、南に相模国（神奈川県）が入ります。

このほとんど全域を支配していたのが、北条氏です。

天正十五年（一五八七）、九州が平定されると、秀吉は天正十三年（一五八五）に九州地方に出していた私闘を禁じる命令「惣無事令」を関東にも発布します。

それまでは、たとえば信州川中島で甲斐国（山梨県）の大名・武田信玄と越後国（新潟県）の大名・上杉謙信が勝手に戦って領有権を主張するようなことが可能でした。でも、それは国をまとめるべき室町幕府の力が衰えていたからで、今は幕府に代わって豊臣関白政府が全国をまとめる要となったのだから、これからは大名個人間で問題を解決するのではなく、お上に解決を願い出なさい、としたのです。つまり、大名同士が直接武力で問題解決をすることを禁じたのが「惣無事令」です。

しかし北条氏は、自分たちは秀吉の家来ではないと、これを無視して私闘を続けました。具体的に言うと、真田昌幸が持っていた北条領に接する名胡桃城（上野国／群馬県利根郡）を北条氏が武力で乗っ取ってしまったのです。

もちろん秀吉は、こうなることを読んだ上で関東に惣無事令を出していました。むしろ**惣無事令と名胡桃城は北条をはめるための罠だった**と言ってもいいのかも知れません。

というのも、そもそもなぜ北条氏が真田昌幸の城を乗っ取ったのかというと、北条氏の持ちものであった沼田領にある名胡桃城を、昌幸が奪っていたからなのです。しかも、北条の訴えに応じて、秀吉が昌幸に北条に返してやれと言うと、昌幸は「これは先祖伝来の土地なのです」と主張して返そうとしなかった、という事情がありました。

でも、真田の故郷は信濃国小県郡真田（長野県上田市）で、沼田領は昌幸の父の代からの念願で苦心して版図とした領地ですから、昌幸の言ったことは正確ではないのです。

もちろんそのことはみんな知っているはずなのに、秀吉はなぜかこの言い分を認め、真田の領有を認めてしまうのです。

納得がいかない北条は、それならば実力で、ということになったわけです。

ですから、名胡桃城の一件は、秀吉と昌幸が仕組んだ罠である可能性が高いのです。おまえの言い分を認めて、おまえに取りあえず名胡桃城を預けるから、名胡桃城の防備を甘くして、北条が乗っ取れるようにしろ。北条がまんまと乗っ取ったら、それを口実に北条を潰す。そんな話が裏で行われていた可能性は充分考えられるのです。

こうして格好の口実を得た秀吉は、すぐに「惣無事令に違反するとはけしからん。関白の権威、天下人秀吉をなんと心得ているのか」として、小田原征伐（小田原攻め、北条攻め）を決行します。

豊臣軍は秀吉本隊と徳川勢を主力とする東海道を進む軍、前田・上杉・真田勢からなる北国（ほっこく）の街道を進む軍と大きく二つの軍勢で構成されていました。これに秀吉に恭順した佐竹氏ほか関東勢が加わるという大軍でした。

◇なぜ、秀吉は北条氏には厳しい処分を下したのか

秀吉が大軍をもって小田原城を取り囲むと、北条氏はこれまでのように戦おうとはせず、城の中に引きこもりました。

北条氏の本拠である小田原城は、関八州の総力を集めた天下の巨城です。めったなことでは落ちない、これを落とす者はいないのではないかとまで言われていた難攻不落の城です。

これまでの相手であれば、長期間、籠城（ろうじょう）することで撃退できましたが、兵農分離の秀吉軍は農繁期になっても国に帰る必要がないので、この戦法は通用しません。しかも秀吉は莫大な経済力を持っているので、兵糧の心配もありません。こうして北条攻めは、「根くらべ」の様相を呈していくことになります。

どんなに難攻不落の城でも兵糧攻めにすれば必ずいつかは落ちます。問題は攻める側に兵糧攻めをする余裕、つまり軍事力と経済力の余裕があるかないかということな

●小田原攻め関連図

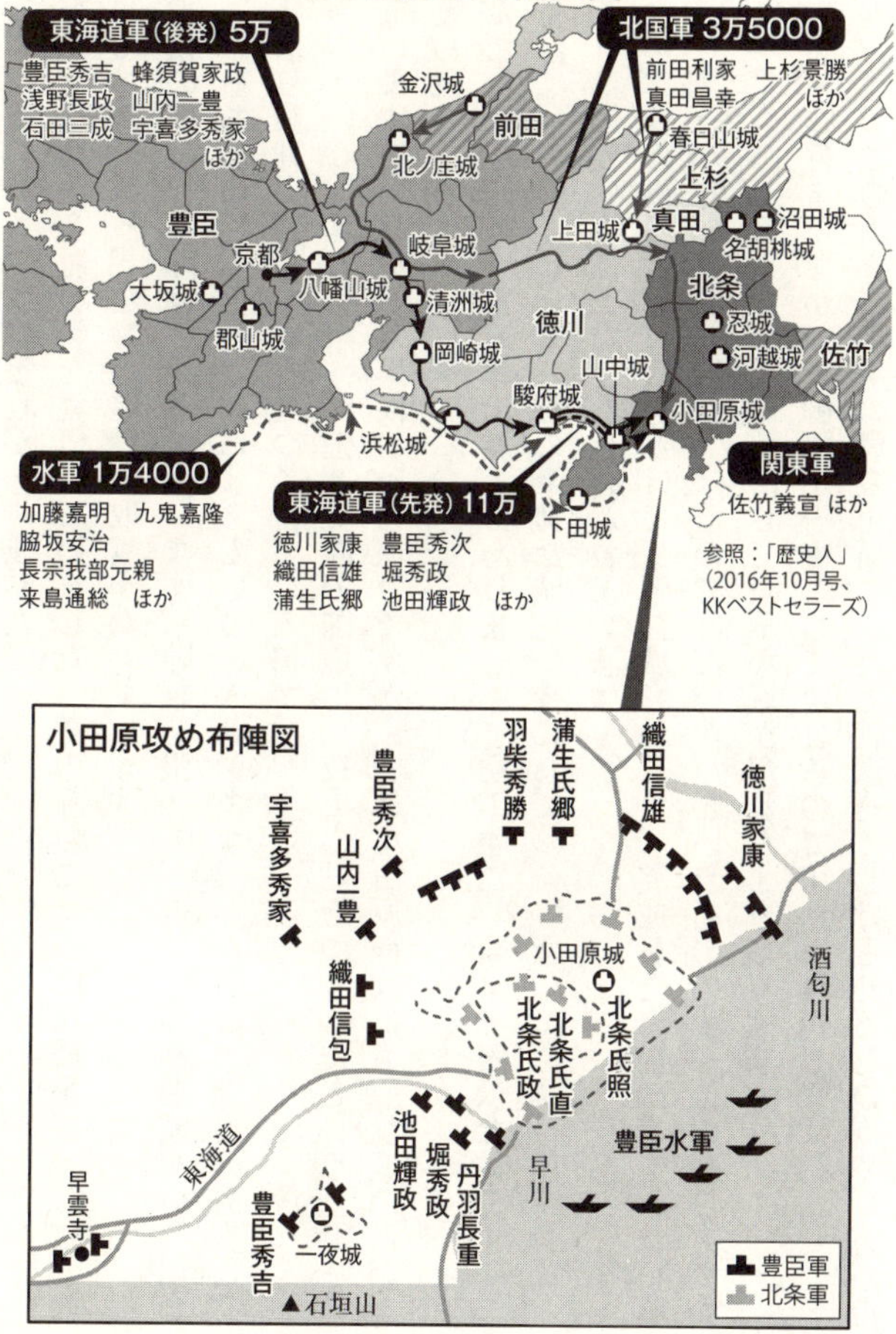

東海道軍（後発）5万
豊臣秀吉　蜂須賀家政
浅野長政　山内一豊
石田三成　宇喜多秀家
ほか

北国軍 3万5000
前田利家　上杉景勝
真田昌幸　ほか

金沢城
前田
北ノ庄城
春日山城
上杉
豊臣
京都
八幡山城
岐阜城
上田城
真田
沼田城
名胡桃城
大坂城
清洲城
北条
郡山城
岡崎城
徳川
忍城
河越城
佐竹
山中城
駿府城
小田原城
浜松城
下田城

水軍 1万4000
加藤嘉明　九鬼嘉隆
脇坂安治
長宗我部元親
来島通総　ほか

東海道軍（先発）11万
徳川家康　豊臣秀次
織田信雄　堀秀政
蒲生氏郷　池田輝政　ほか

関東軍
佐竹義宣 ほか

参照：「歴史人」
（2016年10月号、
KKベストセラーズ）

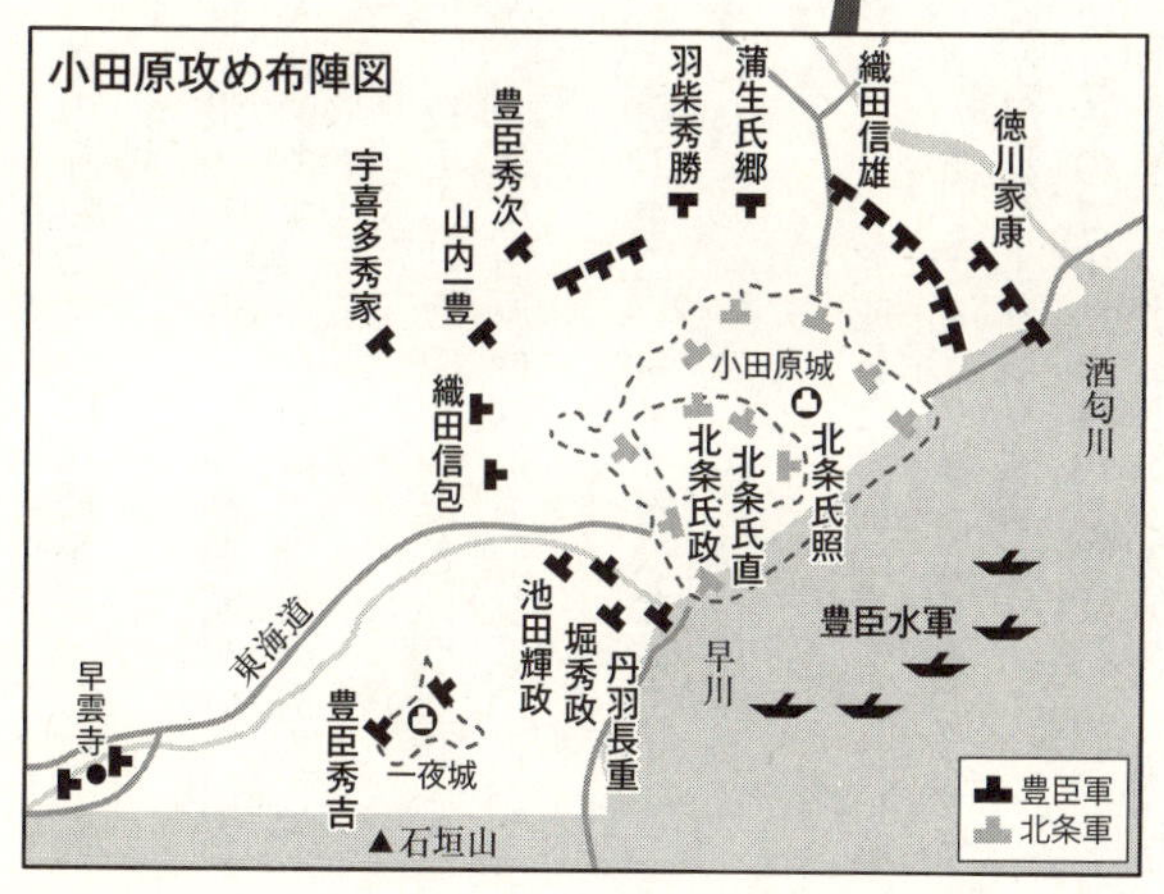

のです。そして秀吉にはそれがありました。

秀吉は最初から籠城戦を覚悟していました。その証拠に、小田原城をびっしりと取り囲んだ直後から、建物の建設に取りかかっています。

通常の戦いでは陣はテントを用います。陣幕を張って、近くの寺や農家を借り出して城が落ちるまでの仮住まいにするというのが普通です。しかしこのときの秀吉は、いきなり長期滞在用の建物をつくっているのです。

秀吉という人は若い頃、尾張と美濃の国境に一夜で出城（でじろ）をつくったという逸話を持っています。いわゆる「墨俣（すのまた）の一夜城」ですが、実は小田原征伐にも一夜城の逸話が伝えられています。

ただし、今回の一夜城は出城ではありません。ものすごく豪華で贅沢な城です。

秀吉はどのようにして、その豪勢な城を一夜にしてつくったのでしょう。

それはこういうことだったと言われています。

まず、森の後ろに何カ月もかけて豪華な城をつくり、完成したら前の森を一気に伐採して、その姿を相手に見せつけたのではないか、というものです。このやり方であれば、北条側から見ると、一夜にして豪華な城が現れたように見えます。

当然、昨日までなかった御殿が一夜にして現れるのですから驚愕します。

秀吉は、このように相手の意表を衝（つ）くことで戦意をくじけさせるというやり方が得意なのです。

結果、天下の名城・小田原城は、半年も保たずに落城します。

実は予想より早く決着がついたのには理由がありました。これは北条軍の作戦ミスなのですが、籠城するとき、城中に大軍を入れてしまったのです。当然のことながら、人数が多ければ多いほど兵糧の消費量は増えます。

つまり、多くの兵を城に入れてしまったために、思っていたよりも早く兵糧が尽きてしまい、北条氏は飢えとの戦いに負けてしまったのです。

天正十八年（一五九〇）七月五日、北条氏直は自らの切腹と引き替えに城兵を助けてくれるよう秀吉に使いを出します。

ついに関東の雄・北条も秀吉に降伏したのです。

秀吉はそれまで降伏してきた者に対しては、比較的温情ある態度を取っていました。たとえば、四国の長宗我部元親には土佐一国ですが領有を認め、九州の島津義久に対しても、薩摩・大隅・日向の一部の領有を認め、家名を残しています。もちろん二人とも一命を許されています。

ところが、このときの秀吉はとても厳しい処分を実行しています。

北条氏政は切腹、北条氏の領地はすべて召し上げました。氏政の子・氏直も切腹を申し出ていましたが、家康の娘婿だったということから一命を許され、高野山での謹

●秀吉・天下統一の戦い関係図

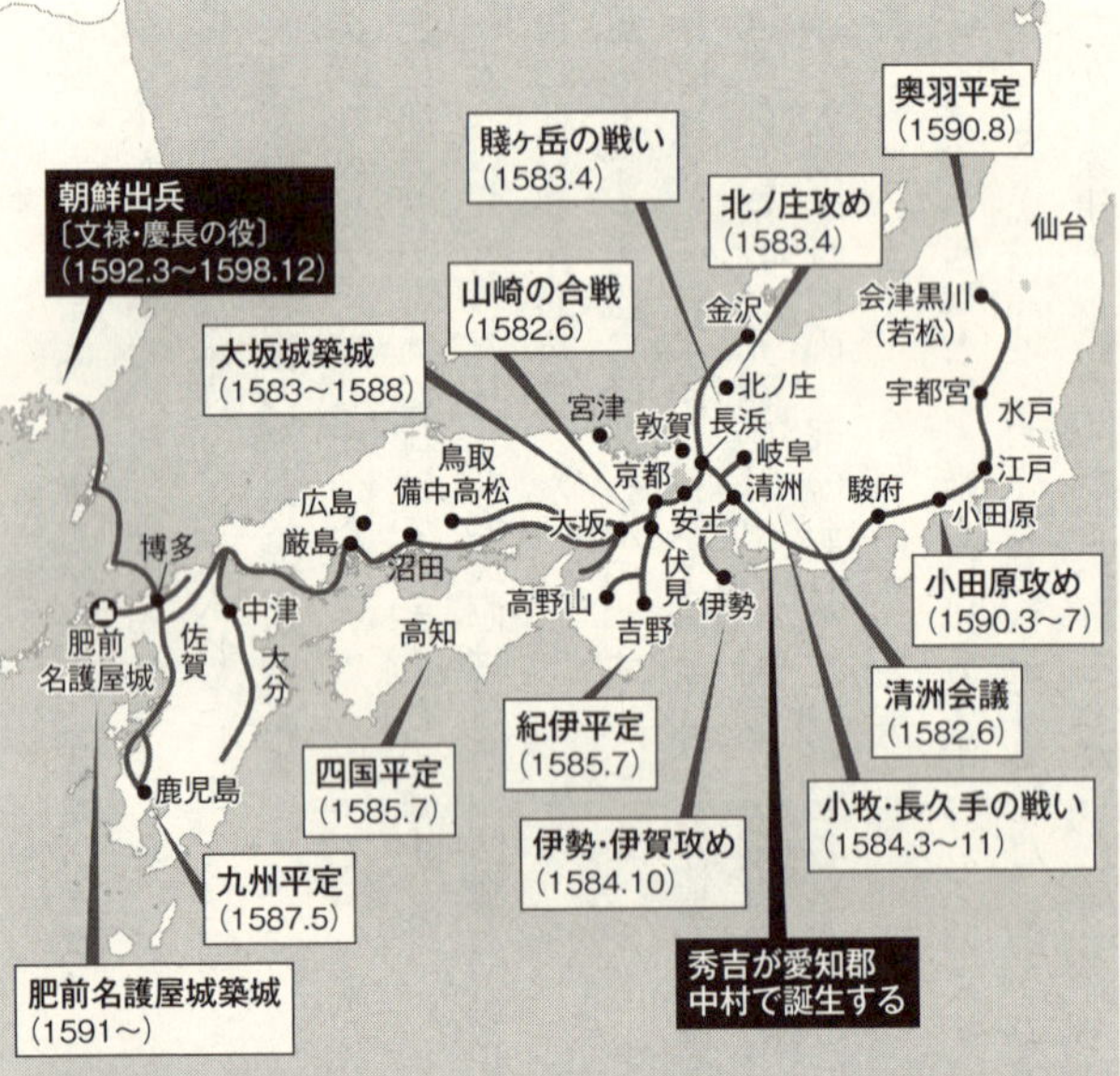

参照：『地図で訪ねる歴史の舞台 日本』(帝国書院)

慎生活を命じられています。

秀吉が北条氏にだけこれほどきつく当たった理由はいくつか考えられます。

一つは、長宗我部や島津が比較的早く降伏してきたのに比べ、北条は最後まで戦う姿勢を崩さなかったこと。もう一つは、小田原征伐に参加した諸将に恩賞として与える土地が必要だったということです。

残るもう一つの問題は、東北の伊達政宗です。

当時、伊達政宗は、東北地方のほとんどの大名を制圧して一〇〇万石相当の実力を持っていました。

小田原征伐に際し、伊達政宗は悩みました。

北条と同盟を結んでいた伊達のもとには、北条から援軍を求める知らせと、秀吉から「小田原に挨拶に来い」という知らせが両方届いていたのです。

このまま動かずにいれば、北条攻めが終わったら、その大軍がそのままこちらに攻めてくることは明らかでした。十数万の大軍を相手に勝てる見込みはありません。一

Point

北条攻めで天下人の力を見せつけた。群雄割拠の時代は終わりを告げた！

○○万石の実力があるといっても、兵力として動員できる人数はせいぜい二万五○○○人ほどです。

とても秀吉軍を撃退できないと悟った伊達政宗は、白装束に身を固めて、急ぎ小田原の秀吉のもとに参上します。

伊達政宗という人は、とても目先の利く優秀な人物だったので、小田原が落ちてから謝りに行っても許してもらえないことはわかっていたのだと思います。

少々古い話ですが、昭和六十二年（一九八七）の大河ドラマ『独眼竜政宗』では、勝新太郎さんが演じる秀吉の前で、渡辺謙さん演じる伊達政宗が白装束で土下座をするという印象的なシーンがありました。そのとき、土下座をする政宗に対して、秀吉が「運のよいやつめ。もう少し遅ければ、その首なかったところだ」といったことを言うのですが、実際、そうした状況だったと思います。

なぜなら、秀吉は部下に分け与える土地が必要だったので、伊達の一○○万石の領地はまさに喉から手が出るほど欲しかったはずだからです。しかし、かろうじて小田原城が落ちる前に参陣したということで、伊達家は会津など三郡を没収されただけでほとんどの本領を安堵してもらえたのです。

天正十八年（一五九○）七月から八月にかけて行われた、奥羽地方に対する奥羽仕置（奥州平定）により、秀吉による天下統一が果たされました。

◇大恩ある織田家を乗っ取った「裏切り者」

ここまで読み進めて、秀吉に対する印象が少し変わったという人もいるのではないでしょうか。

秀吉という人は、信長の遺児を罠にはめ、自害に追いやったり、信長の妻や孫娘を磔(はりつけ)にしたりと、日本人にはあまり認識されていないのですが、実は悪辣(あくらつ)なやり方で織田家の天下を奪っているのです。

私たちは、歴史の結果、つまり秀吉が天下を取ったということを知っています。そのため、**取るべくして取ったんだろうと思ってしまい、秀吉のやったことの「すごさ」というものが逆にわからなくなっている**ように思います。

秀吉はもともと農民、それも貧農の出身だったと言われています。研究者の中にはいわゆる被差別階級だったと言う人もいます。被差別階級は、貧農よりさらに下の身分です。そんな彼が織田信長という人に拾われて、才能を認められ、異例の抜擢を受け、織田家の大将クラスにまで上り詰めていったわけです。これは、今にたとえると、普通なら入社もできないような大会社の社長に拾われて、最後には専務の一人にまで出世したようなものです。

確かに本能寺の変で信長と跡取りの信忠（のぶただ）が突然亡くなってしまったことで、織田家中は混乱しました。とはいえ、織田家の血筋が絶えたわけではありません。信雄と信孝という成人した息子が二人残っていましたし、信長の嫡孫・三法師もいました。

　こうした状況では、普通はこう考えます。

「信長様、信忠様はやられてしまったが、信雄様も信孝様もいる。お二人が三法師様をお支えすれば織田家の天下は盤石（ばんじゃく）である。私もお二人を支え、信長様から受けた大恩を今、お返しするときである」と。

　実際、明智光秀が討ち取られた時点で、ほとんどの人は「もう織田家の天下を狙うようなとんでもない大悪人は出ないだろう」と思っていました。

　ところがいたのです。しかも**その大悪人は、信長様の仇（かたき）を討った最大の功労者・秀吉だった**のです。私は秀吉のことが嫌いだからとか、道徳的に悪いとか、そういう観点で言っているわけではありません。信長を討った光秀が大悪人・裏切り者となるのであれば、大恩ある信長の息子を罠にはめて殺した秀吉も織田家にとっては大悪人・裏切り者である、ということです。

　秀吉にとって信長は単なる主人ではありません。貧農出身の秀吉の才能を見出（みいだ）し、一人前の武将に育ててくれた大恩人です。織田家中の誰もがそのことは知っていました。それだけに秀吉はこれからの織田家を支え、守（も）り立てていく要となるだろうと見られていたのです。

秀吉は、そんな状況の中で裏切ったのです。これは普通の人にできることではありません。

考えてもみてください。秀吉がやったことというのは、大石内蔵助が浅野家を再興した後、浅野家を乗っ取るようなものなのです。大石内蔵助は主君の仇討ちをした忠臣ですが、もしあの事件のあと主家を乗っ取ったらどうなっていたでしょう。忠臣と讃えられるどころか、天下の大悪人と誹りを受けていたに違いありません。

でも秀吉は見事に裏切り、織田家の天下を乗っ取り、しかも周囲の人間をすべて自分に従わせているのです。これはまさに天才のなせる業です。

実際、これほど悪辣なことをしているのに、秀吉のことを悪く言う人は多くありません。

作家の司馬遼太郎は『覇王の家』や『新史 太閤記』という作品の中で秀吉という人を書いていますが、あれほど歴史を見る目を持った人でも、今までの秀吉像からは逸脱していません。

それでも『覇王の家』という家康を書いた作品の中には、次のような言葉があります。

この時期の秀吉ほど史上、類を絶した大悪党はなかったかもしれなかった。その悪を、秀吉は、同時代のひとびとにも後世のひとびとにも感じさせなかったのは、かれの個性がもっている飛びきりの明るさがそれを眩(くら)ましてしまったといえるであろう。

（『覇王の家』司馬遼太郎著・新潮文庫）

この時期、つまり**織田家の天下を乗っ取ったときの秀吉ほど大悪人はいない**ということです。

◇自分を人気者に変えた秀吉の人心掌握(しょうあく)術

大恩ある主家を裏切り、悪辣な謀略を駆使して天下を簒奪(さんだつ)したのに、なぜ秀吉にはそうした「大悪人」のイメージがつきまとっていないのでしょう。特に彼の地元というべき大阪では今も「太閤さん」の呼び名で親しまれ、根強い人気を誇っています。

実は、これも**秀吉の周到な手立ての成果なのです**。

秀吉という人は天下を取ったときから、いろいろなことをして大衆の人気を集めました。

　晩年こそ朝鮮半島に攻めていってミソをつけましたが、それまでは、たとえば方広寺（京都市東山区）に、木造ではありますが奈良の大仏より大きな大仏をつくったり、一般の人も参加できる盛大な茶会を催したり、「金賦り」と称して、自分の周りの人々に自分の持っている金を惜しみなく配るということをしています。

　秀吉が方広寺に建立した大仏は、木造ではありましたが、高さは一九メートルもあり、金の漆が塗られた贅沢なものだったと言います。残念ながらこの大仏は文禄五年（一五九六）の大地震で倒壊してしまいましたが、息子・秀頼の代に再建されています。

　再建された大仏もその後、焼失してしまったので、今は大仏も大仏殿も残っていませんが、わずかに当時を偲ぶものとして、秀吉の大仏殿に使われていたと言われるとても見事な釘が残っています。

　こうした大衆の人気取りの方法を秀吉はどこで学んだのかというと、私はやはり信長に学んだのだと思っています。

　イベントの元祖は誰かと問われたら、私は織田信長だと答えます。

　織田信長という人は非常に庶民を喜ばせる感覚を持った人です。たとえば、京都に御所をつくるとき、大きな石が献上されると、その石を運ぶこと自体を祭りにしたりしているのです。

石運びというのは土木工事ですから、本来つまらないものです。

ところが信長は、大きな石を「綾錦（あやにしき）」と言われるきらびやかな布で包み装飾を施（ほどこ）し、その上に若衆や着飾った女性たちを乗せて、鳴り物を叩いて人々がワイワイとその引き綱を引くという「お祭り」にして楽しませているのです。

本来「御所」というのは天皇がお住まいになる所ですが、ここで言う「御所」は、室町将軍家のための建物です。それでも高貴な人の住まいになる場所ですから、通常なら建設現場を一般に公開するようなことは決して行いません。

信長はそういう場所だからこそ、公開すれば庶民が喜ぶということをわかっていたのでしょう。

安土城も、完成したときに城下の民衆に見物料を取って公開したと言われています。

その他にも信長は、安土城下で相撲大会を開催したりもしています。

これは『信長公記（しんちょうこうき）』という史料に載っているのですが、信長は単に人を集めて相撲を見せるだけでなく、一番を競わせて勝った者には賞品を出すということまでしているのです。当時、すでにあちこちで相撲大会は開催されていましたが、賞品を競うということをしたのは信長が初めてでしょう。

秀吉は信長のそばにいて、大衆を喜ばせる術（すべ）というのを学んだのだと思います。

でも、**ここが秀吉のすごいところなのですが、彼は単に信長のイベントを真似るのではなく、さらに大衆が喜ぶものに進化させている**のです。

信長のイベントというのは、どちらかというと「見せてやるぞ」という感じのものです。つまり、いろいろなイベントをやっているのですが、どれも「公開型のイベント」なのです。これに対し、**秀吉のイベントは、いわゆる「一般参加型のイベント」を目指している**のです。

権力者が一般庶民の参加を許した初めてのイベント。それが「北野大茶湯」と呼ばれるものです。

当時の大名はみなお茶をたしなみ、素晴らしい茶道具を誇ったりしています。秀吉の金の茶室は有名ですが、秀吉もお茶は大好きでした。

そこで催したのが北野大茶湯です。

この茶会では、まず秀吉が自慢の茶道具を展示して見せ、その後、秀吉自らが茶を点てて振る舞うのですが、なんと彼はそれを茶の心得がある者なら誰でも参加できる、としたのです。

庶民は、お茶の心得があったとしても、大名が所有するような「名器・名物」と言われるような茶道具を目にする機会など、一生かけても巡ってこないような時代です。それを近くで見ることができる上、天下人が点てる茶を飲むことができるかも知れないというのですから、まさに前代未聞の大イベントです。実際この茶会では、身分の低い町人で秀吉に点ててもらったお茶を飲んだ人がいたそうです。

ちなみに、このイベントは十日間行われる予定でしたが、実際にはわずか一日で中止になっています。なぜ中止になったのでしょう。これまでの通説では、肥後国（熊本県）で一揆が起こったので、それに対応するために中止になったと言われていたのですが、私は、秀吉の性格を考えると、一揆が原因であれば、むしろ中止にしなかったのではないかと思っています。

遠くの肥後国で一揆が起こったぐらいでイベントを中止したのでは、豊臣家のメンツにかかわるというのが秀吉の感覚だと思うからです。

では、なぜ一日で中止してしまったのでしょう。

これについては、千利休の伝記を書いた学者・芳賀幸四郎が面白いことを言っています。

秀吉は、どうも最初は本気で殺到する庶民にお茶を点てていたらしいのです。ところがあまりにも多くの人数が押しかけたために、疲れて嫌になってしまったのではないか、というのです。

笑い話のような話ですが、私は案外これが真相に近いのではないかと思っています。

というのも、このようなイベントを開くのはこれが初めてですから、実際にどれぐらいの人が来るのか、次々と押し寄せる人にお茶を点てて振る舞うのがどれほど大変なことなのか、秀吉自身はもちろん、周囲の人々もわかっていなかったと思われるからです。

で、**実際にやってみたら、あまりにも大変で、「とても何日もこんなことをやっていられない」というので、一日で中止にしてしまった、**というのは充分あり得ることです。

たった一日でも、天下人の秀吉様が庶民に機嫌良くお茶を点てて振る舞ってくれたという話は、後にも先にもないことなので、いつまでも伝説として語り継がれます。そういう意味ではたった一日でも、必死にお茶を点てた甲斐はあったと言えるでしょう。

◇お金と楽しみを与え、自分の仕業を覆い隠す

また、これは一般大衆に対して行ったことではありませんが、秀吉は周囲の人たちに対して「金賦り」ということをしています。

これは今で言うと、首相が「みんなにお金をやるぞ」と言ってお金を配るようなも

のなのですが、今の金額で言えば、一人当たり一万円とか二万円というようなケチな金額ではないのです。人によって違いはあるのですが、一〇〇〇万円から一億円といった大きな単位で配っているのです。

なぜそんなことをしたのかというと、もちろん、自分の人気、それはとりもなおさず豊臣政権の人気ですが、それを高めるためでした。

実は秀吉は、ここでも強運を発揮しています。

領土が広がったことで銀を豊富に産出する生野（いくの）銀山を筆頭に、多くの金山・銀山を手に入れられたこともラッキーだったのですが、それ以上に彼が幸運だったのが、当時、**西洋の商人を通じて新しい金銀の精錬法「灰吹法（はいふき）」が入ってきた**ことでした。

この灰吹法によって、それまで日本の技術では抽出できなかった金銀を取り出すことができるようになったのです。つまり、それまで金が出ないと言われていた山からも、灰吹法を用いれば金が採れるようになったのです。これは金山・銀山が増えたのと同じことです。

こうして手に入れた有り余る金銀を、秀吉は自分の人気を上げるために使ったのです。

とはいえ、秀吉の「金賦り」は、人気取りだけが目的ではなかったことも事実です。

長年、信長に仕えていた秀吉は、国家の運営に経済が非常に重要な意味を持っていることを熟知していました。経済を発展させるためには、世の中に金銀が流通しないとダメだということもわかっていました。つまり、**秀吉の金賦りは、自らの人気取りであると同時に、国家的金融緩和策でもあった**のです。

経済学の基本的な考え方としては、お金がどんどん刷られて巷に流れ庶民の手に渡ると、お金の流通量が増えるので消費量が上がります。そうなると景気は良くなります。逆にお金の流通量が減ると消費量が下がり、景気は悪くなります。

秀吉はそのことがわかっていたのでしょう。金銀というのは蔵に寝かしておくものではない。どんどん世の中に流通させることが大切なのだ、ということで惜しみなく金賦りをしたのです。

お金をもらうのは、誰にとっても嬉しいことですから、もらった人たちは喜び、秀吉はいい人だと吹聴するようになります。

もちろん、秀吉はここに至るまでに悪辣なことをしたり、人も多く殺しているので恨む人が大勢いたことも事実だと思います。

それでも秀吉が政権を勝ち取り、それを保つことができたのは、やはり**それ以前の政権と比べて、秀吉の天下の方がいいという人が多かった**からなのです。

そして、人々にそう思わせた源泉は、庶民には楽しみを与え、仕える人々にはお金を惜しみなく与えるという秀吉の政治手法でした。**人々に受け継がれた「金と楽しか**

った思い出」が、秀吉がやった悪辣なことをすべて覆い隠してしまったということです。

そういう意味では、もしかしたら、大阪の人の秀吉贔屓（びいき）は、心のどこかに今も残る「太閤さんの時代は良かった」という思い出に根ざしたものかも知れないのです。

第二章のまとめ

- 巨城「大坂城」は、実は信長のアイデアを秀吉が形にしたもの。秀吉がすごいのは、この巨大城郭を、まだ天下を取っていない段階でつくったということです。
- 秀吉の弱い立場が小牧・長久手の戦いの敗因に繋がりました。池田恒興親子、森長可という貴重な戦力をこの戦いで失ったのです。
- 秀吉は朝廷内のもめ事につけ入り、秀吉自身が五摂家筆頭である近衛家・近衛前久の養子になって、関白になってしまったのです。
- 秀吉を「成り上がり者」と見下し、その命に従おうとしない名門守護大名の島津に、秀吉は、関白としての権威を以て対抗しました。
- 秀吉のイベントは、信長の「公開型のイベント」とは違い、いわゆる「一般参加型のイベント」を目指しているのです。
- 秀吉の金賦りは、自分の悪辣さを覆い隠すための自らの人気取りであると同時に、国家的金融緩和策でもあったのです。

第三章

秀吉の失敗が家康の台頭を招いた

教科書には書かれない豊臣政権崩壊の本当の原因

◇天下人・秀吉の最大の弱点とは？

北条氏を滅ぼし、秀吉の天下統一は完成しました。

しかし、すべての憂いが払拭されたわけではありません。彼の政権には大きな弱点が二つありました。その一つが、徳川家康というライバルを潰せなかったことです。小牧・長久手の戦いではむしろ秀吉の方が負けています。それをかろうじて外交的手段で屈服させたものの、政権内の最大野党勢力のようなかたちで残ってしまいました。

この弱点をできるだけ軽減させようと、秀吉は自分の天下が成立すると、すぐに大名の配置換えを行うのですが、そのとき家康にも国替えを命じています。

ちなみに小田原征伐が始まった時点の徳川家康の領国は、三河国（愛知県東部）、それに加えて遠江国（静岡県の大井川以西）と駿河国（静岡県中部）、さらに武田の遺領である甲斐国（山梨県）と北信濃を除く信濃国（長野県）の五カ国で、本拠は駿府城（静岡県）でした。

家康は当初、本拠地を浜松城に置いていたのですが、武田家が滅んだことによって、武田に取られていた大井川より東の領域を手に入れ、それを機に駿府城を築き、

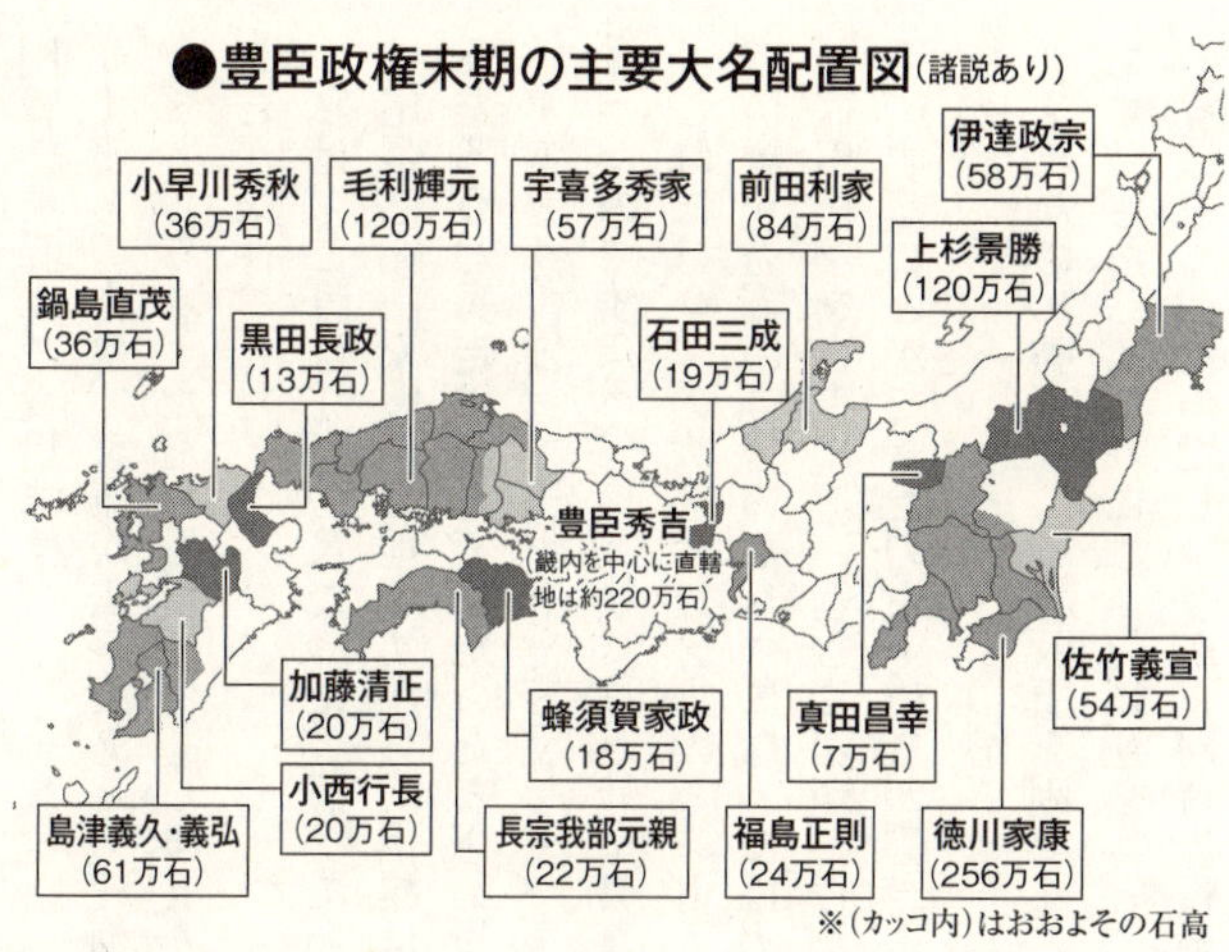

本拠を移していました。

徳川を滅ぼすことができなかった秀吉は、小田原征伐が終わると、この三河、遠江、駿河、甲斐、信濃の五カ国を関白（公儀）として召し上げ、その代わりに北条氏が支配していた関八州を与えます。

五カ国を召し上げられて、代わりに関八州、つまり武蔵、相模、上総、下総、安房、上野、下野、常陸の八カ国を与えられたのですから、これは明らかな加増です。

しかし、いくら加増されても家康にとってこの国替えは嬉しいものではありませんでした。なぜなら先祖伝来の土地を離れなければならないからです。それでも秀吉には逆らえないので、家康はこの国替えを謹んで受けます。

すると秀吉は、家康が去ったあとの三河・遠江・駿河三国を信雄に与えるとしました。もちろん、ただの加増ではありません。当時信雄の領有していた尾張を返納することが条件でした。

私は、これは秀吉の策だったと思っています。

尾張は織田家興隆の地ですから、**信雄は当然尾張を離れたくないとして、これを断るだろうと秀吉は読んでいた**のだと思います。案の定、信雄はこれを断ります。

すると秀吉は、「従わぬとはけしからん」として、信雄を大名の座から追放してしまったのです（その後、信雄は剃髪して常真を名乗り、秀吉の相伴衆となりました）。

これには多くの大名が震えあがりました。今の秀吉政権があるのは、ある意味、織田信雄が秀吉の「言いなり」になって協力してくれたおかげです。事実、秀吉が邪魔な織田信孝を自害に追い込むことができたのも、武力で勝る家康をも押さえて天下を手にすることができたのも、信雄が秀吉にとって都合のいいように動いてくれたからです。

それなのに秀吉は、いざ天下を固めると信雄をささいなことで追放してしまったのです。もちろんこれには「俺に逆らうとこういう目に遭うぞ」という見せしめとしての意味もあったのでしょうが、同時に目障りな信長の遺児を政権から追放するという目論見（もくろみ）もあってのことだと思われます。

一方、国替えに素直に従い、本拠地を駿府から江戸に移した家康も、大変な苦労を強いられました。

ここで考えていただきたいのが、かつて関東に幕府を開いた源頼朝（よりとも）は、なぜ江戸ではなく、鎌倉に本拠を置いたのか、同じく関八州を領地としていた北条氏は、なぜ江戸ではなく、小田原を本拠としたのか、ということです。

それは**江戸という土地が、都市を築くに適さない、とても大きな問題を持っていた**からなのです。家康はその大きな問題を解決しなければならなかったのです。

◇統治を困難にする江戸の致命的な欠陥とは？

関八州を与えられた家康は、「江戸」に本拠を置きました。

それまで関東を治めていた北条氏の本拠は小田原城、初めて関東に武家政権を樹立した鎌倉幕府は鎌倉を本拠としていました。とはいえ、家康以前に江戸に城がなかったわけではありません。太田道灌（おおたどうかん）という、関東管領（かんれい）上杉家に仕（つか）えていた名将が江戸に城を築いていました。江戸は東北と関東を繋（つな）ぐ港町として重要な場所ではありました。とはいえ、この時代の江戸城はとても小さなものです。おそらくこの地を関八州の中心地にしようと考えた人は、誰もいなかったのではないでしょうか。

江戸が都市に向かない理由は二つありました。

一つは防衛上の問題です。

武家にとって最も危惧（きぐ）しなければならないのは、領地を奪われることです。そして、領地が奪われるということは、その領地を管理している城が落とされるということです。ですから、武士が考える首都（首府）の第一条件は「守りが堅い」ことでした。

鎌倉は三方を山に囲まれ、もう一方は海という天然の要害（ようがい）です。平地は極端に少なく、鎌倉に通じる広い道もありませんでした。今も鎌倉に行くと、「切通し（きりどおし）」と呼ばれる山と山の間を走る細い道がたくさんありますが、もともとの鎌倉の道はこうした切通しばかりだったのです。

切通しは細いので、敵が一気に攻め込めない上、待ち構えて両側の山から矢を射かけることもできます。頼朝がわざわざ鎌倉を首都に選んだ理由は、こうした守りの堅さにありました。

北条氏（後北条氏（ごほうじょう））は、領地が広く大きな城をつくる余裕があったので、小田原に城をつくりました。小田原の利点もやはり守りやすさにあります。小田原は天下の往来・東海道が急に狭くなる場所にあります。実は小田原城はその細くなった東海道を塞(ふさ)ぐようなかたちで建っているのです。さらに小田原には「天下の険(けん)」と謳(うた)われる箱根の山が隣接しているので、攻めにくく守りやすい場所なのです。

このように、鎌倉も小田原も防衛面では非常に優れていましたが、どちらも平地が少ないため都市としての発展性はありませんでした。

鎌倉以来の「首都は守りやすい場所につくるべき」という常識を覆(くつがえ)したのは織田信長でした。経済を重視した信長は、平地に巨大な城をつくり、その周囲に城下町をつくることで、首都を城郭都市として発展させるという新しい都市モデルを生み出しました。

こうした首都モデルは秀吉を筆頭に織田家の部将たちに受け継(つ)がれ、全国に広まっていきました。家康が首都の場所に江戸を選んだのも、広大な関東平野が広がっていたからです。

しかし、もし江戸が首都を築くのに本当に適していたのなら、平地でも巨大な城を築けば守りを固めることはすでにわかっていたのですから、家康より先に北条氏政(うじまさ)あたりが江戸に首都を移転していたはずです。でも、北条氏は江戸に移転し城下町をつくることはありませんでした。

北条は考えが古かったと言う人もいますが、違います。

実は、**関東平野、中でも江戸と言われる平野は意外にデコボコなのです。**

これは私が初めて東京を訪れたときの話ですが、渋谷で国鉄（現在のＪＲ）を降りて地下鉄の銀座線に乗り換えようと思ったのですが、どこにも地下に行く階段が見当たらず、周りの人に「地下鉄はどこですか?」と聞くと、階段を昇った上だと言われてとても驚いたことがあります。

なぜ地下鉄の駅が建物の上の方にあるのかというと、渋谷という街が谷底に位置しているからなのです。他にも東京には、丸ノ内線の茗荷谷（みょうがだに）や四ツ谷など、地下鉄の地上駅がたくさんあります。

こうしたことが起きるのは、東京が非常にデコボコした地形だからなのです。渋谷とは逆に駿河台（するがだい）などは、「台」という地名からもわかるように台地です。デコボコの土地は大きな城下町をつくるのには不向きです。だから、歴代の領主たちは江戸を使わなかったのです。

そしてもう一つ、江戸には都市をつくる上でとても大きな欠陥がありました。それは**水が少ない**ということです。

実は、江戸には大きな川がなかったのです。大坂には淀川（よどがわ）という大きな川があり、その上流には巨大な水がめ「琵琶湖（びわこ）」が控えています。大きな川があるということは、飲料水も農業用水も確保できるので、それだけ多くの人が生活できるということです。

もちろん江戸にも川がまったくなかったわけではありませんが、平野の広さのわりには水源が乏しかったのです。

◇家康の江戸大改造計画が「東京」をつくった

この二つの理由、つまり、**平野というわりには土地に高低差があることと、水利が悪いということが、歴代の政権が江戸に本拠を置かなかった理由**でした。

では、家康はなぜ江戸を首都としたのでしょう。

実は、これも秀吉の指示だったようなのです。秀吉は親切心からなのか、金を使わせてやろうと思ってのことなのかわかりませんが、家康に関八州を与えたとき、「江戸という土地があるが、あそこは意外といいらしい。そこに首都を築いたらどうか」と言ったらしいのです。

秀吉に抗（あらが）えない家康が言われるがままに江戸に入ってみると、そこは確かに広い平野があり、東北と関東を繋ぐ、可能性を秘めた場所であったのですが、太田道灌が築いた小さな城があるだけの、さまざまな問題がある土地でした。

しかし、江戸を首都とすると決めた以上仕方がありません。家康は、江戸大改造計画をつくり実施しました。現在、日本の首都となった東京という都市は、基本的にこの徳川家康の大改造計画に沿ってつくられたものなのです。

まず家康は、デコボコ（凸凹）だらけの土地のデコを削ってボコを埋めるということをしました。

たとえば現在の千代田区神田には、「神田駿河台」と呼ばれる小高い場所がありますが、そこはかつて「神田山」と呼ばれる山でした。その神田山を削って、入江（沼地）を埋め立て、平地を多くしました。

家康が江戸に入ったとき、東京湾には江戸湊と日比谷入江という大きな二つの湾が入り込んでいました。江戸城はこの日比谷入江のすぐわきに建っていたのですが、周囲が海では街を築くのに都合が悪いとして、城を大きくするのに伴い、日比谷入江をほぼすべて埋め立てています。

この大規模な土木工事によって、人間の経済生活にとって邪魔なデコボコは緩和されました。

この土木工事と並行して、家康はもう一つの問題、水の確保にも取り組んでいます。埋め立てに邪魔な川は流れを変え、水のない地域には水を引くための道「上水」を通したのです。

玉川上水は今も有名ですが、江戸には家康が最初に引いた小石川上水（のちの神田上水）を筆頭に、玉川、本所、青山、三田、千川と合計六つもの上水がつくられています。

現在では都市のインフラとして必須の上水道ですが、家康が江戸につくるまで日本には基本的に「水道」はありませんでした。もしかしたら、小規模な上水道はあったかも知れませんが、少なくとも**都市一つを潤すほど大きな上水道がつくられたのは、これが日本で初めてでした。**

江戸っ子の自慢の一つに、「俺は水道の水で産湯をつかった」というのがあるのですが、それは同時に、他の土地の産湯は川の水か井戸だったということです。

なぜそれまで日本に上水道がなかったのかというと、日本ではそこら中に清流が流れていたからです。何も水のない所にわざわざ住まなくても、水が豊富にある場所に住めばよかった、ということです。

家康も、秀吉の一言がなければ、もしかしたら江戸ではない所に本拠を据えたかも知れないのですが、言われた以上、江戸を首都としなければなりませんでした。そしてそのためには、江戸という街を首都として使える都市にしなければならず、そのための大土木工事に相当な年月と費用を費やすこととなったのです。しかし、大土木工事ができるだけの資金力、技術力、動員力を家康は持っていたということです。

実際、玉川上水が完成したのは四代将軍・家綱の時代になってからです。

このように家康が大工事で大変な苦労をしている間に、秀吉はわが世の春を迎えていました。

◇天下人・秀吉の唯一の悩みと二つ目の弱点とは？

天下統一を果たしたこの時期の秀吉について、作家の堺屋太一は「この頃の秀吉は輝いていた」と表しています。確かにこの時代の秀吉は権力の絶頂にいました。邪魔な家康は関東に追いやり、何もかも思い通りにいっているように見える秀吉ですが、悩みはありました。

それは、**子供に恵まれないことでした。これが二つ目の秀吉の弱点です。**

ライバルの徳川家康は男子だけでも一〇人以上の子供に恵まれているのに、自分には一人の男子もいないのです。しかもすでに年齢は五十歳を超えています。当時は人生五十年と言った時代ですから、今で言えば八十代ぐらいの感覚でしょう。さすがの秀吉も我が子を得ることはほぼ諦め、甥の秀次を養子に迎えました。

秀次は秀吉の姉・ともの長男として生まれましたが、成長してからは三好家の跡取りとして養子に入り、三好信吉と名乗っていました。三好家というのは、先の将軍を殺した松永久秀の主人だった家柄で、もともと名門の大名家です。本拠地は四国の阿波（徳島県）。

●秀吉一族の略系図

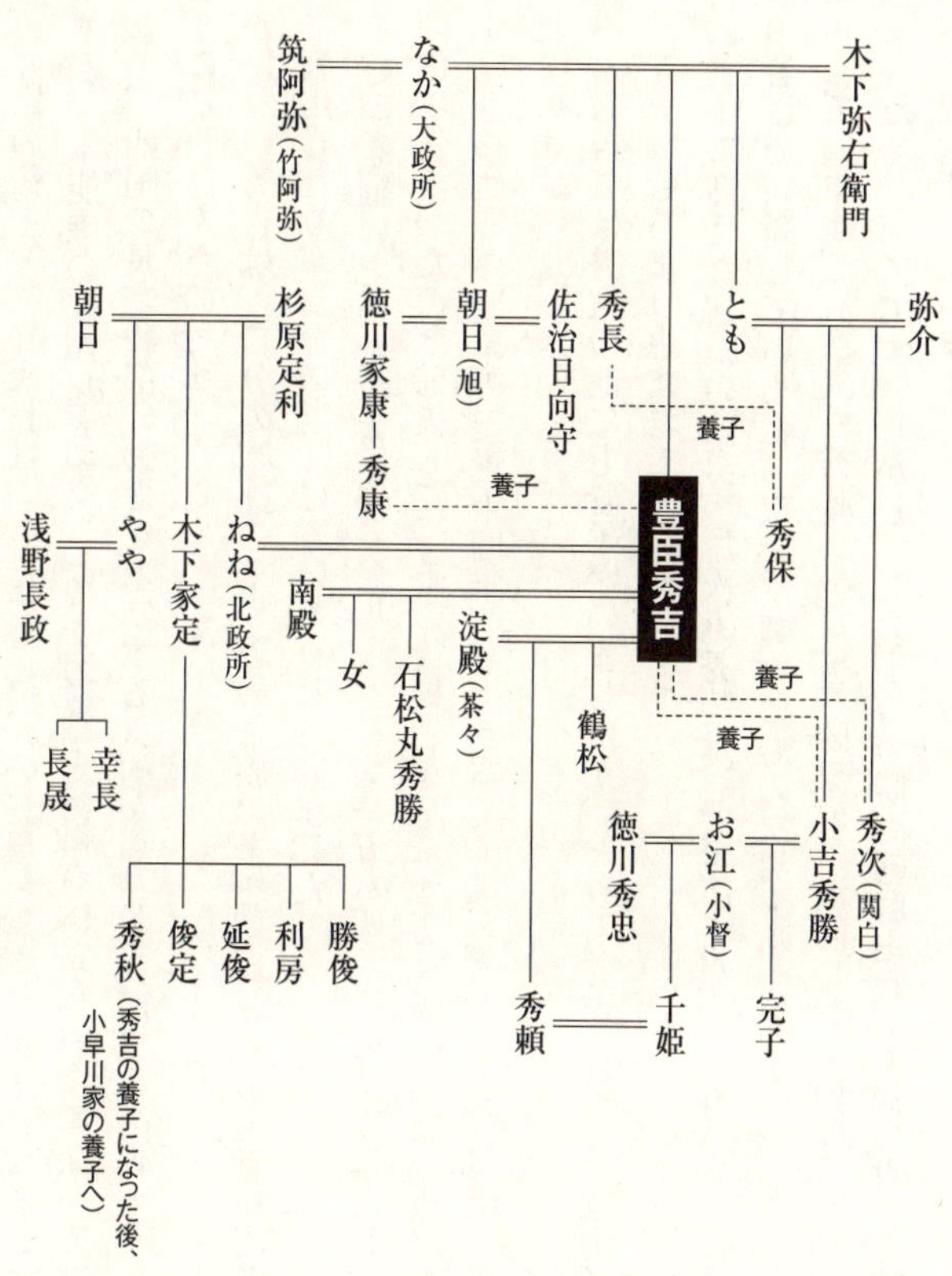

参照：「歴史人」（2016年5月号、KKベストセラーズ）

実は三好家の領主・三好康長は、もともと信長の三男・信孝を養子にするはずだったのですが、本能寺の変が起きたことでこの養子縁組みは立ち消えになっていました。そこに、四国の長宗我部の動きを牽制する目的から、秀吉が自らの甥っ子を三好家の養子に送り込んだのです。

実子がいない秀吉は、自分の姉妹の子や妻の一族の子を、自分に最も近い者として縁組みに利用したり、自分の近くに置いたりしていました。

その三好家を継いでいた信吉を、天正十二年（一五八四）に羽柴姓に戻し、翌年秀吉が関白に就任したのと前後して、その後継者を暗示する「秀次」という名に改めたのです。さらにその翌年の天正十四年（一五八六）には、秀吉から「豊臣」の姓を授けられています。

もちろん秀吉には秀次の他にも養子がいましたが、どうも秀吉という人は実子だけでなく、養子にもあまり恵まれていないのです。

最初に養子に迎えた信長の四男・於次丸秀勝は、天正十三年（一五八五）にかぞえ十八歳の若さで病死しています。次に、姉・ともの次男・小吉を養子にし、「秀勝」を名乗らせています。於次丸も秀勝、小吉も秀勝なので混同しやすいのですが、この二人はまったくの別人です。しかし、この小吉秀勝も朝鮮出兵（文禄の役）の際に、二十四歳で戦病死しています。

於次丸秀勝は、もともと主・信長に取り入るためにもらった養子なので、もしかしたら、信長の葬儀を終えた時点で「用済み」と考えられ、消された可能性もあると私は見ています。しかし、小吉秀勝は自分の甥なので、本気で跡継ぎにと考えていたのではないかと思います。そういう意味では、秀次は秀吉が見込んで跡取りにしたというよりは、もう彼の血縁の中で多少なりとも器量がある男子が秀次しかいなかったので、やむなく養子にしたのかも知れません。

もう我が子に恵まれることはないだろう。

秀吉がそう諦め、関白の座を秀次に譲り、自らは太閤となって朝鮮出兵に専念しようとした矢先の天正十七年（一五八九）、淀殿（浅井三姉妹の長女・茶々）が秀吉の子を産みます。しかも生まれた子供は男の子でした。

秀吉はこの子に鶴松という名を付けて、文字通り目の中に入れても痛くないほど溺愛しました。しかし、この子は病弱で、かぞえ三歳で早世します。

◇秀吉の好みの女性、家康の好みの女性

秀吉という人は、自分より身分の高い家の女性を好む傾向がありました。

正室のねね（おね、ねい）も、当時の秀吉の身分から言えば高嶺の花と言えるお嬢

様でしたし、その後も秀吉はお嬢様ばかりを狙っています。

そんな秀吉と対照的なのが家康です。

家康の最初の妻は、彼が今川家の人質だったときに、今川義元に押しつけられた今川家係累の年上のお姫様でした。名前は伝わっておらず、一般的には「築山殿」または「築山御前」と呼ばれます。

作家の山岡荘八は、『徳川家康』という作品の中で、築山殿はもともと今川義元の愛人だった女性で、それを無理やり押しつけられたと書いています。もちろんこれはあくまでも小説なので、事実かどうかはわかりませんが、そうしたことは歴史上例のないことではないので、可能性としては充分あり得る話だと思います。

家康は築山殿との間に信康という長男と亀姫という長女を儲けています。家康は長男の信康をかわいがりますが、築山殿との夫婦仲はあまり良くなく、岡崎から遠江の浜松城に居を移す際、築山殿は信康とともに岡崎に留めるというかたちで別居しています。

その後、はっきりとした理由はわからないのですが、築山殿が武田と密通したという知らせが、信康の妻である徳姫を通して、彼女の父である信長のもとへ届きます。

これを読んだ信長は激怒し、家康に築山殿と信康の殺害を命令。信長の命を受けた家康は、仕方なく自分の長男は切腹させ、築山殿は家臣に命じて殺させたという説や、家康自らの判断だったという説があります。

そしてそれ以降、家康は秀吉にあさひ姫を押しつけられたのを除けば、生涯正室を娶っていないのです。

では、正室を持たなかった家康は、どのような女性を相手にしたのでしょう。実は彼は、すでに子供を産んだ経験があって、夫に先立たれた女性ばかりを相手にしているのです。これは好みの問題かも知れませんし、築山殿でお姫様育ちのわがまま女に懲りたということなのかも知れませんが、領主としては非常に合理的な判断基準だったとも言えます。なぜなら、子供を産んだことのある女性であれば、少なくとも子供を産む能力があることは明らかだからです。

秀吉は、好みと言ってはそれまでですが、お嬢様ばかり相手にしています。もともと秀吉は信長の妹のお市の方を思慕していたという話があります。しかし、お市の方は夫の浅井長政を殺した秀吉を憎み、織田家の跡目争いの際に、秀吉と対立する柴田勝家に嫁ぎ、勝家とともに亡くなってしまいます。

お市の方を永遠に失った秀吉ですが、彼女の三人の娘が残されました。秀吉はこのお市の三人の娘「浅井三姉妹」を引き取ります。

浅井三姉妹は、長女が茶々、次女が初、三女は江といいました。三人が成長すると、秀吉は初と江は他家に嫁がせますが、茶々だけは自分の手元に置き、ついに自分のものにしてしまいました。

その結果、生まれたのが鶴松でした。

◇秀吉には長浜時代に「石松丸」という男子が生まれていた!?

鶴松が生まれ、喜んだのもつかの間、鶴松はわずか三歳で亡くなってしまいます。秀吉は我が子の死を嘆き悲しみますが、なんと茶々は再び懐妊し、またも男の子を産んだのです。

この二人目の子が、後の秀頼です。

秀吉は正室のねねを含め、茶々と関係を持つ以前に何人もの女性と関係を持っていました。しかし、一人の子も授かっていません。それなのに、茶々だけが、立て続けに二人の男子を産んでいるのです。そのため、昔から茶々が産んだ子の父親を疑う説がありました。茶々の産んだ子供は本当に秀吉の子なのか、ということです。

ここで検証しておきたいのが、秀吉自身、子供をつくれるかどうかの男性側としての問題の有無です。

先ほど秀吉は一人の子供にも恵まれなかったと言いましたが、実は長浜城主だった時代に石松丸という男の子がいたという説があるのです。

否定的に捉えている人もいますが、私はこれは事実だったと思っています。なぜなら、これは単なる伝承ではなく、長浜市内の妙法寺に墓と肖像画（現在は焼失し、実物はないが写真が残されている）が、同じく徳勝寺には位牌が伝えられているからです。しかも、妙法寺の墓は、平成十四年（二〇〇二）の墓を移築する際に行われた調査によって、伝承通り安土桃山時代初期の大名様式の墓であることが明らかになっているのです。

天下人・秀吉の実子なら、もっときちんとした記録が残っていないのはおかしい、と思うかも知れませんが、長浜城主になる前の秀吉は、織田家中の単なる一武将に過ぎません。

それに、秀吉が長浜城主のときに正室のねねが、主君の信長に「うちの亭主が浮気して困る」と訴え、それに対し信長がねねに送った返事の手紙が今も残っているのです。

その内容は、「おまえは昔よりずっと美しくなった」とねねを褒める言葉から始まり、秀吉を「禿げねずみ」と呼び、おまえに不足を言うなど言語道断と断じた上で、「嫉妬なんか焼かないように」と諭すものです。

一武将の立場ではそう簡単には側室は持てません。しかし、大名になれば話は別です。大名にとって最も大切なことは家を潰さないことなので、跡継ぎをつくるのは領主の大切な仕事です。そのため正室に子供ができない場合、側室を持つのは当然のことでした。中には正室が自分の姪っ子など血縁の者を夫に側室として薦めるということも、珍しいことではありませんでした。

しかしねねは、秀吉から見たらお嬢様だったとはいえ、下級武士の娘なので、大名家のそうしたしきたりまではわからなかったのだと思います。

一方、秀吉は秀吉で、俺も城主になったのだから跡継ぎをつくらなければいけないとして、側室を持ったのだと思われます。それに対して、ねねが亭主が浮気して困ると信長に訴えたのではないでしょうか。

ですから、おそらく信長がこの手紙で言いたかったのは、「おまえはもはや一武将の夫人ではない。大名の奥方様である。大名には大名のつとめがあるのだから、側室が子供を産んだとしても、おまえの正夫人としての地位は絶対に揺るがないのだから、焼き餅など焼かず、安心してどっしり構えていなさい」ということなのだと思います。

実際、この信長の手紙の宛名は「ねね」ではなく「藤吉郎　女ども」となっているのです。今の言葉にすれば「藤吉郎の女たちへ」ということですから、この手紙は複数の女性たち、つまり正室のねねだけではなく、秀吉の側室にも向けて書かれたものなのだと思います。

長浜城（長浜観光協会提供）。浅井攻めの功により織田信長から浅井氏の旧領を与えられた秀吉は、当時「今浜」と呼ばれていたこの地を信長の名から一字拝領して「長浜」に改名。江戸時代前期に廃城となり、資材の大半は彦根城の築城に流用された。昭和58年（1983）に安土桃山時代の城郭を模して復興され、内部は「長浜城歴史博物館」として公開している。

信長は、この手紙で側室に「子供を産んだからといって正夫人になれるなどと勘違いしてはいけない。秀吉の正室はこれから後もねねであり、それが揺らぐことはない」と釘をさしているのです。

さらにもう一つ、私が石松丸を実在したと考える理由が名前です。石松丸というのは幼名で、この子の正式な名は「秀勝」というのです。

秀勝という名はこれまでにも出てきましたからご記憶だと思いますが、最初に養子にした信長の四男が「於次丸秀勝」、その於次丸が亡くなった後に養子にした秀吉の甥が「小吉秀勝」と、秀吉は何度も養子に「秀勝」と名づけているのです。

なぜ秀吉はこれほどまでに「秀勝」という名にこだわったのでしょう。

長浜時代に秀吉に実子がおり、早世したその子の名前が「秀勝」だったから、と考えれば納得がいくのではないでしょうか。

◇茶々が産んだ男子は本当に秀吉の子か

さて、秀吉自身に子供をつくることでの問題がなかったらしい、ということがわかったところで、話を秀頼に戻しましょう。

私は、秀吉に長浜時代に子供がいたということは九割ぐらいの割合で信じているのですが、茶々の産んだ子供については、その信憑性は三割ほどだと思っています。七割方秀吉の子供ではないと考えている、ということです。

何しろ秀頼が生まれたときの秀吉の年齢は五十七歳です。

では、茶々に若い恋人がいたとして、天下人の側室に秘密裏に近寄れる者などいたのでしょうか。

実は一人いました。それは茶々の乳兄弟である大野治長です。

大名の子弟にはほとんどの場合、乳母がつき、実母のお乳をもらうことは滅多にありませんでした。乳母となる女性は、当然ですが、お乳が出なければなりません。お乳が出るということは、同時期に子供を産んでいるということです。その乳母の実の子と、乳母に育てられた姫様（あるいは若殿）は池田恒興のように「乳兄弟」と呼ばれ、一種特別な非常に親しい間柄になります。

茶々の乳母は、のちに茶々づきの女官となった女性で「大蔵卿局」と呼ばれます。この大蔵卿局の息子、つまり茶々の乳兄弟が大野治長という人です。

大野治長は大蔵卿局のツテで秀吉の馬廻衆として取り立てられていたので、秀吉の目を盗んで茶々と密会することも不可能ではありません。

また彼は、秀吉の没後は秀頼の側近として仕え、慶長二十年（一六一五）の大坂夏の陣で豊臣家が滅びるときには、茶々と秀頼と最後まで行動を共にして亡くなっています。

昔のことですから、お姫様に近づける人間は限られます。そういう意味で大野治長が秀頼の実父だったのではないかという説は、秀吉が亡くなって間もない頃からまことしやかにささやかれています。

江戸時代に入ると、真田増誉の『明良洪範』が「豊臣秀頼ハ秀吉公ノ実子ニアラズ」と断言して「淀殿、大野修理ト密通シ、捨君ト秀頼君ヲ生セ給フト也」と記しています。

ただし、ここで注意しなければならないのは、江戸時代に書かれた書物には、徳川が豊臣家を滅ぼしたことを正当化するために書かれたものが少なくないということです。

つまり、秀頼が本当に秀吉の子供だったならば、それは尊重すべきだったけれど、実は秀吉の本当の子供ではなかったので家康は殺したのだ、と豊臣家を滅ぼしたことを正当化するためにこうした逸話がつくられた可能性もあるということです。

私は、そうした可能性を考慮した上でも、秀頼が秀吉の実子でなかった可能性はかなり高いと考えています。

なぜなら、医学的に見ても、それまでいろいろな女性と接していながら一人しか子供ができなかった秀吉が、五十歳を過ぎ、かなり体力の衰えが見られるようになってから、二人も立て続けに男の子に恵まれるというのは、絶対にあり得ないとは言えませんが、極めてレアなケースだと思うからです。

◇秀頼誕生が招いた悲劇と政権崩壊の始まり

秀頼の出生の真実はともかく、秀吉は秀頼の誕生を心から喜びました。しかし、喜んだと同時に秀吉は「しまった、はやまった」と後悔しました。

何をはやまったのかというと、養子の秀次に関白の座を与えてしまったことです。後悔した秀吉は、当初、秀次に「秀頼を養子にして跡を継がせてくれ」と言い、秀次も了承します。

これで安心できればよかったのですが、秀吉は、残念なことに不安を払拭することができませんでした。なぜなら秀次には秀頼より年上の実子がいたからです。秀頼が大人になるまで自分は生きていられないだろう。自分が亡き後も、秀次はきちんと約束を守ってくれるだろうか。

秀吉は自分自身が秀次に一度与えた関白の座を、実子の秀頼に渡したいと心変わりしただけに、秀次もきっと自分が死ねば血を分けた実の息子に跡を継がせたいと思うようになるに違いない、と思ったのでしょう。

結局、秀吉は秀次を切腹に追い込み、彼の子供たちまで皆殺しにしてしまいます。

では、秀吉はどのような罪で関白・秀次を糾弾したのでしょう。

この顚末について、太田牛一が書いた秀吉の一代記『大かうさまくんきのうち（太閤さま軍記のうち）』は、秀次という男はとんでもない悪い男だったからだと記しています。

この本は秀吉の伝記としては最古のものですが、豊臣家の権力を恐れて阿諛追従というかお世辞で書かれたものなので、多少割り引いて考えなければならないのですが、そこにはこう書かれています。

「殺生関白」

つまり、秀次は人殺し関白だった、というのです。

これは秀次が当時関白だったので、「摂政・関白」をもじって揶揄したものです。

もう少し具体的に言うと、秀次という人は人殺しを好み、自分の刀の切れ味を試すためにたいした罪もない罪人を何人も殺したり、通りすがりの巡礼者を辻斬りしたり、鉄砲の稽古と称して田畑で働く農民を撃ち殺したりと、数々の「人殺し」を行った、太閤様（秀吉）が呆れて彼を切腹に追い込んだ、というのです。

同様の記述は小瀬甫庵の『太閤記』にも見られます。

『太閤記』の第一七巻には関白・秀次の最期について書かれていますが、そこにも、秀次は正親町上皇が崩御されたとき、まだ服喪期間であったにもかかわらず、殺生禁断の聖地である比叡山で、自らの楽しみのために狩りを行った。人々はその蛮行を批判し、「院の御所、手向けのための狩りならば、これを殺生関白という」という落書が京の市中に張り出されたと記しています。また、辻斬りについても、秀次は盲人を刀で斬り、その反応を楽しんだとしています。

ここで気がついていただきたいのは、当時と今では常識が違うということです。**今は辻斬りと言うと非常に残忍なイメージがありますが、実は戦国武将にとっては辻斬りは決して「大罪」ではなかった**のです。なぜなら、戦争経験がない人、つまり戦場に出たことがなく、一度も武将の首を取ったことがない人は、もっと嫌な言い方をすれば、人殺しを一度もしたことがない人は、実戦で役に立たないからです。つまり、武士たるもの、普段から人殺しをして「人を斬る経験」をしておくべきだ、というのが戦国時代の武士の常識だったのです。ですから当時の武士にとっては、辻斬りはいわゆる「人殺し」ではなく、良いことではないですが、一種の「基礎訓練」「試し斬り」だと考えられていたのです。

こうした辻斬りに対するイメージが大きく変わったのは、実は秀吉の時代になってからのことです。秀吉が天下を統一したことで戦乱の世が終わりました。さらに、大名同士が直接武力で問題解決をすることを禁じる「惣無事令」が出されたことで、これからはいくら武士であっても、そういうことはみだりにしてはならないということになったのです。

とはいえ、実際の人々の気持ちや行動というのは、そうすぐには変わるものではありません。事実、江戸の初期まで辻斬りは頻繁に行われていました。「水戸黄門」として知られる水戸藩の二代藩主・徳川光圀も晩年に、自分は若いときに辻斬りを行っていたと告白しています。本当の意味で日本人に、辻斬りのような殺生行為が罪悪だという意識が浸透したのは、実は徳川五代将軍・綱吉によって「生類憐みの令」が出されてから後のことなのです。

そうしたことを考えると、『大かうさまくんきのうち』や『太閤記』に書かれていたことがたとえ真実だったとしても、本人の切腹ばかりか一族郎党、幼い子供たちまで皆殺しにするほどの大罪に問われるものではなかったように思われます。

私は、秀次の死は、秀吉の陰謀だと思っています。やはり、秀頼が生まれたことで邪魔になった秀次を、秀吉が難癖をつけて殺したと見るのが自然でしょう。さらには、秀次の血筋を生かしておいたら、のちのちまずいことになる、と危惧するような後ろめたさが秀吉にはあったのだと思います。

しかし、**禍根を残すまいとして秀吉が行ったこの無残な処置は、皮肉にも後に秀頼に禍となって降りかかります。**

秀次は多くの妻を娶っていたのですが、そのほとんどが大名家の子女でした。

考えてみてください。娘を嫁に出した大名家にしてみれば、次の関白になった秀次に、秀吉様の御意向があったからこそ娘を嫁がせたのに、秀吉に子供ができた途端、我が子かわいさのために、婿(むこ)だけでなく、娘もかわいい孫までもすべて殺されてしまったのです。

秀次の一件で難を受けたのは秀次の係累だけではありません。秀次の家老など家臣の多くが打ち首または切腹を申し渡され、秀次と親交のあった者たちも改易(かいえき)や流罪(るざい)などの処分を受けています。

そのため、その時点では秀吉の権力の前に誰も文句一つ言いませんでしたが、内心は恨(うら)みを忘れたわけではなかったのでしょう。**その恨みは、関ヶ原の戦いのときに下された東軍と西軍どちらにつくかという判断にとても大きく影響している**のです。

つまり、秀次事件の恨みから、関ヶ原の戦いのときに徳川方についた武将がかなりの数いたということです。

Point

秀次事件は豊臣政権を弱体化させ、秀頼に禍となって降りかかった！

◇朝鮮出兵の目的は「唐入り」だった

その後の豊臣政権の大きな禍根となった秀次の一件は、本書で紹介してきた歴史教科書『詳説日本史 改訂版』（山川出版社）には、一行の記載もありません。「なぜ豊臣政権は衰退したのか」の「なぜ」、つまり原因と結果という因果関係を知ることが歴史教育で一番大切なことなのですが、この**「なぜ」を欠いているのが日本の歴史教科書の最大の欠点だ**と私は思います。代わりに豊臣政権を衰退させた原因として大きく取り上げられているのが「朝鮮侵略」、いわゆる「朝鮮出兵」です。

1587（天正15）年、秀吉は対馬の宗氏を通して、朝鮮に対し入貢と明へ出兵するための先導を求めた。朝鮮がこれを拒否すると、秀吉は肥前の名護屋に本陣を築き、1592（文禄元）年、15万余りの大軍を朝鮮に派兵した（文禄の役）。釜山に上陸した日本軍は、鉄砲の威力などによってまもなく漢城（ソウル）・平壌（ピョンヤン）を占領したが、李舜臣の率いる朝鮮水軍の活躍や朝鮮義兵の抵抗、明の援軍などにより、しだいに戦局は不利になった。そのため現地の日本軍は休戦し、秀吉に明との講和を求めたが、秀吉が強硬な姿勢を取り続けたため交渉は決裂した。

1597（慶長2）年、秀吉はふたたび朝鮮に14万余りの兵をおくったが（慶長の役）、日本軍は最初から苦戦を強いられ、翌年秀吉が病死すると撤兵した。前後7年におよぶ日本軍の朝鮮侵略は、朝鮮の人びとを戦火に巻き込み、多くの被害を与えた。また国内的には、膨大な戦費と兵力を無駄に費やす結果となり、豊臣政権を衰退させる原因となった。

（『詳説日本史　改訂版』山川出版社）

この内容について語る前に、「朝鮮侵略」という呼び名について述べておきましょう。

一般的に「朝鮮出兵」という言い方が通っていますが、確かにこの戦いの実態は教科書にあるように「朝鮮侵略」であったことは事実でしょう。

出兵というのは、今で言う「派兵」のようなもので、必ずしも戦闘を伴うものではありません。たとえば、近代になって日本は、「囚われたチェコの軍団を救出する」としてヨーロッパ列強とともに「シベリア出兵」を行っていますが、あれは戦闘ではなく軍事的圧力をかけることが目的だったので、文字通りの出兵でした。

しかし、秀吉が行ったのは、単なる軍事的圧力ではなく、明らかな戦争行為です。

ですから行為自体が「朝鮮侵略」であったことは事実なのですが、歴史教科書の用語としては不適切だと私は考えています。

では、どのような名称を用いるべきなのでしょう。

私は、歴史の教科書である以上、事実を正確に伝えるためにも、当時の言い方を用いるべきだと思っています。

では、当時の人はなんと言ったのか。実は、秀吉自身は「唐入り」と言ったのです。「唐」というのは当時の日本における「中国」の呼称です。ちなみに秀吉の時代の中国の王朝は「明（みん）」なので、ここで言う「唐」は中国の王朝を示すものではありません。

そこに「入る」ということですが、この場合の「入る」は「進出」という意味なので、**今の言葉に直訳すると「唐入り」は「中国進出」となります。つまり、この戦争の目的は朝鮮ではなく中国の領土を侵略することだった**のです。教科書で述べている「朝鮮侵略」は「唐入り（中国進出）」が目的だったということも書かなければ、正確性を欠くことになります。

実際、計画の当初、秀吉は朝鮮と戦うつもりはありませんでした。引用した教科書の記述にもありますが、秀吉が朝鮮に求めたのは「明へ出兵するための先導」だけでした。ただし、ここで言う「先導」は、単なる道案内ではありません。中国侵略の先鋒（せんぽう）となって戦えという意味なのです。

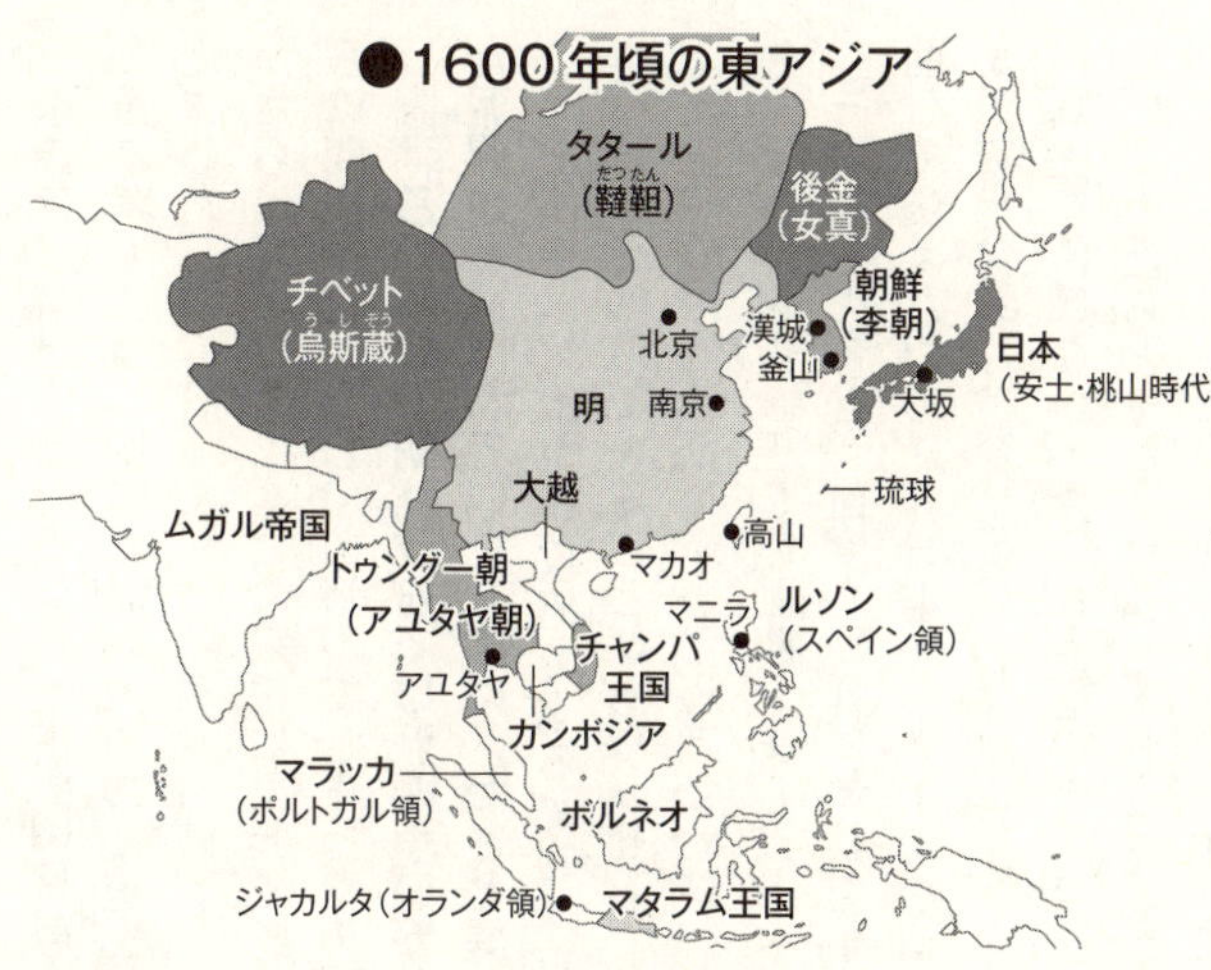

実は、秀吉が朝鮮に対して、このような無茶なことを言ったのには理由がありました。

これは若い頃の秀吉なら考えられないことなのですが、どうもこのときの秀吉は、朝鮮国が日本の対馬を治める大名・宗氏の支配下にあると思っていたようなのです。宗氏は自分の家臣なのだから、その宗氏が支配する朝鮮国は当然、自分の意に従うと考えたのです。

しかし、それはまったくの誤解でした。宗氏は昔から日本と朝鮮半島の仲介をしていたに過ぎません。

でも、宗氏にも問題はありました。というのも、**宗氏は秀吉の誤解を知りながら真実を伝えないまま、秀吉と朝鮮の間で「二枚舌外交」を続けていた**からです。

宗氏は、「日本軍の尖兵として明国に討ち入れ」という秀吉から朝鮮への命令を、朝鮮に対しては「明国に討ち入るので道を貸して欲しい」という要望に置き換えて伝えました。

さらに悪いことに、この宗氏によって勝手に置き換えられた言葉は、朝鮮本国にさらに間違ったかたちで伝わってしまったのです。

実は**この時期の朝鮮政府では派閥争いが起きており、正使と副使がそれぞれ対立した派閥から選ばれていたために、わざと異なる報告がなされてしまった**のです。つまり、正使が「日本軍が攻めて来るでしょう」と言ったので、副使は「それは違います。日本が攻めて来ることはありません」と反対のことを言ったのです。結果から言えば正使の報告が正しかったわけですが、派閥争いの中、政権は副使の「攻めて来ない」という報告を正しいと断じました。

その後も秀吉は、何度も朝鮮に派兵を予告しているのですが、窓口である宗氏が歪曲して伝えたために、日本からの予告を朝鮮が危機感を持って受け取ることのないまま、「唐入り」は実行されてしまったのです。

真実を告げなかった宗氏が悪いと言えば悪いのですが、もしこのとき宗氏が真実を告げていたらどうなっていたでしょう。「お前は今まで俺を騙していたのか」と、秀吉に殺されていたかも知れないのです。ですから、結果的には禍の元となった宗氏の二枚舌外交ですが、宗氏にとってはそうすることが生き残る知恵でもあったのです。

◇「朝鮮出兵」は秀吉の頭がおかしくなったからなのか

それにしても、秀吉はなぜ「唐入り」を行ったのでしょう。

一般的な歴史学では、秀吉は晩年になってやっと恵まれた実子・鶴松が亡くなったことで、頭が少しおかしくなり、隣の国を乗っ取ってやろうという誇大妄想に取りつかれてしまったのだ、という解釈がされています。

本当にそうなのでしょうか。

この真偽を確かめるには、最初に「秀吉は頭がおかしくなった」と言った人は誰かということを確かめる必要があります。

実はこれ、林羅山（らざん）という人なのです。

林羅山は、徳川家康のブレーンで、後に秀吉が大仏を建てた方広寺（ほうこうじ）の梵鐘（ぼんしょう）の銘に「国家安康」「君臣豊楽」という言葉を見つけ、「これは家康の名を割ることで徳川が滅び、豊臣が栄えるように願った呪詛（じゅそ）だ」と言って、大坂冬の陣のきっかけをつくった御用学者です。**その林羅山が、徳川政権下で書いた秀吉の伝記の中に書いてあるのが、秀吉狂気説の最初なのです。**

この書にはもう一つ、後世にまことしやかに語られるようになる話が記されています。

それは、「家康公は、その賢明な判断で唐入りに参加しなかった」という話です。

実は、これらの話はすべて嘘です。

大坂冬の陣のきっかけとなった方広寺の鐘の件も悪質な「言いがかり」です。なぜそう言い切れるのかというと、もし、家康があの銘文を本気で呪詛だと思ったのであれば、そんな不吉な鐘は潰すか、せめてその銘文の部分だけでも削り落とすよう命じているはずだからです。しかし、方広寺の鐘は、その「呪詛の銘文」が刻まれたままの形で豊臣家が滅んだあとも存在を許され、現在も京都に行けば見ることができます。

つまり、鐘は今に至るまで誰も傷つけていないということです。この一点を見ても、林羅山が言ったことが単なる言いがかりだったことがわかります。

そういう人間が最初に、秀吉は頭がおかしくなって朝鮮出兵を始めたと言っているのですから、騙されてはいけません。

秀吉は頭がおかしくなったから唐入りを命じたわけではありません。

では、なぜ秀吉は唐入りを行ったのでしょう。

答えは、**天下を統一して平和になってしまったから**なのです。

どういうことか説明しましょう。

織田信長以前、兵士と農民は基本的に一致していました。普段、田畑を耕している人が、戦時になると下級兵士として戦争を支えていたのです。信長はそれが当たり前だった時代に、兵と農を分離しました。そして、それを可能にしたのが商業の興隆でした。信長は商業を盛んにすることでお金を手に入れ、そのお金で兵士を雇いました。それまで誰もやったことがない「専業兵士」を戦力として持つということを実現させたのです。

兼業兵士は農繁期には戦えません。しかし専業兵士は一年中戦えます。だから信長は勝てたのです。信長の政権を引き継いだ秀吉の兵も専業兵士でした。そして秀吉は見事に天下を統一しました。

天下を統一したのは喜ばしいことでしたが、同時にそれは秀吉にとって悩みの始まりでもありました。

もしも、天下を取ったのが武田軍だったら、秀吉のように悩むことはなかったでしょう。なぜなら、武田の兵士はすべて兼業兵士なので「皆さん、今までご苦労様でした。天下は統一され、もう戦争はありません。皆さんは家に帰って、これからは農業に励んでください」と言うことができるからです。

ところが秀吉の兵の多くは専業兵士です。しかも、加藤清正（きよまさ）などまさにそうなのですが、専業兵士の中には、戦争しか知らない者もたくさんいました。それまで一度も畑仕事などしたこともないような兵士たちに、農民は務まりません。万が一、彼らに農業ができたとしても、専業兵士になった者の多くは農家の次男坊や三男坊など土地を持たない者だったので、事実上彼らが農民になることは不可能でした。

そんな彼らに、もし秀吉が「天下は統一されたのだから、きみたちはもうお払い箱だ」と言ったらどうなるでしょう。間違いなく暴動が起きたでしょう。

もちろん当時の武士のすべてが専業兵士だったわけではありません。それでもざっと見積もって、約四〇万人もの専業兵士がいたと考えられます。

つまり、**天下が統一され、戦争がなくなったことで、秀吉は四〇万人の失業者を抱えることになってしまった**のです。

秀吉は、なんとかして雇用を生み出さなければなりませんでした。

この四〇万の専業兵士は、ただの兵士ではありません。長い間戦場で腕を振るい、生き抜いてきた歴戦の強者（つわもの）たちです。しかも、当時の日本の軍備は質的に見ても量的に見ても、かなり充実していました。おそらくこの時代の日本の鉄砲装備率は、世界最高レベルだったと思います。

これら極めて優秀な兵士と、極めて優秀な指揮官たち、それに加えて充実の軍備に最もふさわしい仕事はと考えれば……、答えは一つしかありません。「戦争」です。

しかし、もはや国内に秀吉に敵対する者はいません。と、すればどうするか。

秀吉が選んだのは、世界史的な視点で見れば、ごくありふれたものでした。国内に敵がいないのだから、国外に敵を求めたのです。

世界史を見れば対外侵略戦争は決して珍しいものではありません。アレキサンダー大王もローマのカエサルも、モンゴルのチンギス・ハンもナポレオンも、乱世を統一した英雄はみな外国を侵略し、さらに領土を広げています。つまり、これは世界史の常識というより、人類の常識なのです。

ここまで言えばもうおわかりだと思います。秀吉が「唐入り」を行ったのは、決して頭がおかしくなったからではありません。**天下を統一したことで国内に戦う相手がいなくなり、仕事がなくなってしまった四〇万もの専業兵士たちに対する「雇用対策」だった**のです。

このことがわからないと、「唐入り」の真実は見えてきません。

◇唐入りは兵士に大歓迎されていた

よくテレビドラマなどで、この「唐入り」のとき、反対する大名たちが嫌々(いやいや)秀吉の無茶な命令に従ったかのように描かれるのを目にします。

これは現在の日本の歴史学界が、このような解釈をしているからです。

なぜ学者先生たちがこうした解釈をしているのかというと、大名たちが「戦争を嫌がっていた」ことを示す史料が残っているからです。

しかし、私がくり返し言っていることですが、そんな史料絶対主義に陥(おちい)っているから、彼らは歴史の真実を見失うのです。

人間というのは、戦争に勝てば良し、負ければ「あの戦争には、もともと反対だったんだ」とか、「最初から負けると思っていたんだ」と、自分を正当化するために言うものです。その結果、負けた戦争では「戦争に賛成した」という文献より、「戦争に反対した」という文献の方が多く残ることになるのです。

もう一つ、後に史料となるような文献を書き残すのは誰か、ということも問題です。言うまでもないことですが、大名と足軽(あしがる)の識字率を比べると、大名の方が圧倒的に高いのです。ということは、手記や手紙など後に歴史資料となるものは、そのほとんどが大名など一部のエリートが書いたものだということです。

でも、日本全体で見ても大名と言われる人はわずか三〇〇人もいません。それに対し、足軽など専業下級武士は何十万人もいたのです。そして彼らの多くは、戦争で一旗揚げ、あわよくば秀吉のように出世したいと思っていたのです。

そういう人間にとって一番の願いは何だかわかりますか。これは今の日本人には一番わかりにくいところかも知れませんが、彼らが願っていたのは「戦争がもっと続いてほしい」ということなのです。

なぜなら、戦争が続けば続くほど出世のチャンスが巡ってくるからです。今は足軽でも、手柄を立てれば侍大将(さむらいだいしょう)になれるし、運が良ければ大名にだってなれるかも知れない。それどころか、ひょっとしたら秀吉様のように関白にだってなれるかも知れない。

もちろん、戦場に行くのですから、手柄を立てるどころか命を失う危険もあるのですが、そうしたネガティブなことは考えません。

彼らは無理やり徴兵されたわけではありません。自ら好んで専業兵士になった人たちなのです。言うなれば、「手柄を立てて出世してやる」という野心を持って兵士になった人たちです。そんな彼らにとって、手柄を立てる大事な機会である戦争がなくなるということは、最も困ることだったのです。

ですから当時「唐入り」は、戦いに飽いた大名たちはともかく、失業の危機に瀕(ひん)していた四〇万人の兵士たちからは「待ってました！」とばかりに大歓迎された決断だったのです。

◇教科書には書かれない「家康の唐入り不参加」の理由

秀吉の唐入りの目的は、よく言われているように「明に代わって東アジアに新しい国際秩序をつくる」「大貿易圏を築く」といったこともありますが、私は「失業の危機に瀕していた専業兵士たちを救うための雇用対策」ということも目的だったと確信しています。

ですが、それらのことだけが目的だったわけではないことも事実です。

というのは、**秀吉はこの「唐入り」で、豊臣政権の最大の弱点である「徳川家康」の存在感を小さなものにしようとしていた**と考えられるからです。

これは、結果的に唐入りが失敗に終わったので見えにくくなっていることですが、もしも唐入りが成功していたら日本はどうなっていただろう、と考えれば見えてきます。

現在、唐入りは「愚行」「暴挙」「無謀」と断じられてしまっていますが、秀吉は「勝算あり」と見たからこそ唐入りを実行したのです。これはちょっと考えればわかることです。初めから負けるとわかっている戦争を仕掛けるバカはいません。

ところが、**秀吉は最も勝算の高い「ベストの人選」をしていない**のです。

この時点で、最も野戦に強い指揮官は、誰がどう考えても徳川家康です。そして、最も優れた軍師は、やはり黒田官兵衛（黒田孝高）だと思います。

であるならば、**秀吉にとって唐入りで勝利を収める最善の人選は、総大将・徳川家康、軍師・黒田官兵衛だったはずなのに、彼はそれを選んでいない**のです。

では、なぜ秀吉は彼らを選ばなかったのでしょう。当時は秀吉に逆らえる人はいなかったのですから、万が一家康が行きたくなかったとしても、秀吉に命じられれば行っていたはずです。

答えは、**彼らを派遣して「勝たれたら困る」から**なのです。

なぜ困るのかというと、今でさえ家康は二五〇万石の大大名なのに、ここで勝たれたらさらに最低でも二〇〇万石は加増しなければならなくなるからです。当時の秀吉の領地が金山・銀山、それに貿易の収入を含めて約五〇〇万石規模ですから、家康を総大将に任命して勝たれてしまったら、秀吉とほぼ同じ力を持つことになってしまうのです。それだけは絶対に避けなければなりません。

黒田官兵衛は、秀吉の軍師なので別に力をつけても問題はないのではないか、と思うかも知れませんが、実は秀吉は、官兵衛の存在を家康と同じぐらい恐れていたようなのです。

これには有名な話があります。

秀吉は晩年、小姓たちに「わしが死んだら天下は誰が取ると思う？　遠慮なく言ってみろ」と言ったことがありました。小姓たちは口々に「家康公ではないでしょうか」「私は前田殿だと思います」と、いろいろな有力大名の名を挙げましたが、秀吉はそれには頷かず「おまえら、一人忘れてるぞ。黒田官兵衛がいるではないか」と言ったのです。それに対し小姓たちが「でもあの方は一二万石ぐらいしかないではありませんか」と反論すると、「何を言う。もしあいつに一〇〇万石与えたら、エライことになるから俺は与えなかったんだ」と秀吉は言ったのです。

この話には続きがあり、その小姓の一人が、黒田官兵衛に「先日、太閤様がこんなことをおっしゃったんですよ」と伝えたところ、官兵衛は真っ青になって、すぐに剃髪し「如水」と名を改めて隠居してしまったというのです。

小姓は、「秀吉様はこれほどあなたのことを高く評価していらっしゃるんですよ」というつもりで、官兵衛が喜ぶと思って話題にしたのですが、賢い官兵衛は、秀吉の危惧を読み取り、自らに天下を狙う欲がないことを示したということです。

つまり、秀吉は唐入りが成功すると思っていたからこそ、**勝った後のことを考えて、まだ領地のそれほど多くない加藤清正や小西行長など、自分の信頼する子飼いの部将たちを中心に遠征軍を組織した**のです。

加藤清正と小西行長は、あまり仲は良くないのですが、共通点があります。それはともに豊臣家に絶対忠実な大名だということです。

豊臣家に忠実な彼らが勝ち、加藤清正五〇〇万石、小西行長五〇〇万石ということになれば、二五〇万石の家康を完全に封じ込めることができます。そして、それが可能だと思ったからこそ、秀吉は唐入りを行ったのです。

つまり、家康は賢明にも自らの意思で唐入りに参加しなかったのではなく、**秀吉の意向によって参加させてもらえなかったというのが真実**だということです。

ちなみに、黒田官兵衛は現地に派遣されているのですが、指揮権を持たない顧問という立場に止(とど)まっています。

◇日本軍はなぜ負けたのか

秀吉の計画では、唐入りは失業兵士を救う雇用対策であると同時に、家康を封じ込める一石二鳥の結果になるはずでした。

ところが実際の唐入りは大失敗に終わり、豊臣政権に大きなダメージを与える結果となります。

唐入りが失敗した理由はいろいろあるのですが、最大の敗因は「調査不足」です。

先ほど秀吉は頭がおかしくなっていたのではないと申し上げましたが、若いときの秀吉であれば絶対にこんなツメの甘いことはしていなかったはずなので、そういう意味では、やはり少しボケていたのかも知れません。

先に述べた朝鮮と対馬の宗氏の関係のこともそうですが、秀吉は相手のことをほとんど調べずに物事を進めているのです。少し調べれば、朝鮮が宗氏ではなく、明国を「宗主国（そうしゅこく）」と仰（あお）ぐ、事実上の明国の属国であったことがわかったはずです。

さらに秀吉軍に致命傷をもたらしたのが、現地の気候風土を調べていなかったことでした。

現在の韓国にあたる朝鮮半島南部は、日本より寒いというものの、基本的にはそれほど大きな違いはないのでまだよかったのですが、北部の冬の厳しさは日本のそれとは比べものにならないほど凄（すさ）まじいものです。何しろ大きな川が凍り、その上を馬車で渡れるほどの寒さになるのです。

唐入りの初戦では、日本軍は大勝しています。

何年も大きな戦争をしていなかった朝鮮の軍隊は弱く、さらに当時の政権が勢力争いで力を失っていたことも加わり、漢城（現在のソウル）までは、ほぼ無傷と言っていい状態で落としています。

日本軍の目的は朝鮮ではなく明国だったこともあり、日本軍はどんどん北上していきました。でも、これが不幸の始まりでした。

日本軍は厳しい寒さになんの対策もしていなかった上、現地に派遣された加藤清正と小西行長が率いる兵の多くは、九州征伐によって彼らに与えられた九州の領地で雇った兵だったので、厳しい寒さの恐ろしさを知らなかったのです。

実際、当初二万人いた小西軍は、その半分が戦死したと言われているのですが、**本当は、戦闘による戦死ではなくて戦病死、もっとはっきり言えば現地の厳しい寒さによって凍死している**のです。

秀吉の唐入りは、志（こころざし）は壮大ですが、実行の段階でいろいろと不備がありました。兵站線（へいたんせん）をきちんと確保していなかったのもその一つです。その結果、教科書に書かれていたように、朝鮮の水軍によって兵站線が断たれたのも大きなダメージに繋がりました。

さらに、これは秀吉の都合なのですが、徳川家康や黒田官兵衛という日本の最強部隊を使わなかったことも敗因の一つと言えます。

◇嘘が招いたさらなる不幸

唐入りは、文禄元年（一五九二）の四月から翌年七月までの「文禄の役」と、慶長二年（一五九七）から秀吉が亡くなるまで続く「慶長の役」という二つの戦いに大別されます。

現在の歴史教科書では「朝鮮侵略」と、一括りで語られていますが、これら二つの戦いは、その性格を大きく異にしています。

最初に行われた文禄の役は、秀吉の「唐入り」計画の通り、朝鮮半島は通過して、明国に攻め入り、領土を得ることが目的でした。

しかし実際には、なんとかかろうじて加藤清正が明国の端にたどり着いたものの、明国に攻め入ることはできないまま撤退しています。つまり、唐入りと言いながら、実際の戦場は朝鮮だけでした。

当初戦闘は日本軍優勢に進みますが、明国の援軍を得た朝鮮軍も次第に力を増し、戦局はやがて膠着状態に陥ります。明・朝連合軍は日本軍に手こずり、日本軍は飢えと寒さに苦しみ、やがて両軍は「講和」を模索するようになります。

このとき講和を主導したのが、小西行長でした。

小西行長は苦しい戦いを続けるうちに、明国に攻め入るのは無理だ、この戦争は一刻も早く終わらせた方がいいと考えるようになっていました。

そこで小西行長は、講和を求める文書を、敵方の陣に「投げ文する」という大胆な方法で和平工作に動きます。そしてこれを機に、両軍は講和の条件をめぐって協議を重ねることになり、まず次の三つの条件で合意が取り交わされます。

①加藤清正が捕虜にした朝鮮の二王子を返還すること。
②日本軍は漢城を放棄して釜山まで撤退する。
③明軍は、日本軍の漢城撤退と同時に明に帰国する。

日本側の方が条件が不利なのは、それだけ立場が弱かったということです。

実はこのとき、明国の援軍を得て勢力を盛り返しつつあった朝鮮軍は、当初講和に反対していました。しかし、援軍である明国の司令官は講和を望みました。立場は宗主国である明の方が上なので、朝鮮軍としては不本意ながらもこの和平交渉を止められなかったのです。

この和平交渉で問題になったのは、交渉を行っている小西行長は総司令官ではないので、最終的な決定権を持っていなかったということです。

この戦いの総司令官は、日本にいる秀吉です。そのため大事なことはいちいち日本の秀吉に使いを出して判断を仰がなければなりません。

この和平交渉で、秀吉が明側に出した条件は次の七つ。

①明国の皇女を日本の天皇の妃にする。

②貿易を再開し、商船の往来を可能にする。
③明の官僚と日本の武士の間で和議の誓約を取り交わす。
④朝鮮八道のうち南の四道を日本へ割譲する。
⑤朝鮮王子の一人を人質として日本へ差し出す。
⑥清正が生け捕りにした二王子は朝鮮に返還する。
⑦朝鮮宮廷の臣は今後日本の命に逆らわないように誓紙を出す。

現状を目の当たりにしていない秀吉にしてみれば、これでもかなり「譲歩」したつもりでした。

しかし、アジアの宗主国たる明国は、他の国との対等な関係は決して認めません。明にそれを認めさせるには、近代になって欧米がしたように軍事的に屈服させるしか方法はないのですが、この時点の日本軍にはそれだけの力はありませんでした。

なんとしてもここで和平を成立させたい小西行長は、石田三成と相談して、やはり和平を望む明の代表・沈惟敬と「共謀」し和平を結ぶことを決めます。つまり、明国には「秀吉は本当は明国に臣従したいと伝えに行こうと思っていただけなのに、朝鮮が妨害したので思わぬ争いとなってしまいました。しかし、もともと明国に抗う気持ちはなく、降伏いたしますので、どうか私を日本国王として冊封してくださいと懇願している」と、秀吉には「秀吉が提案した七カ条を明国に伝え、和平が成立した」と、互いの主に嘘の国書(こくしょ)を送り、和平を成立させてしまったのです。

日本は明に降伏し、臣下に加えて欲しいと言っていますという報告を信じた明は、文禄五年（一五九六）、日本に冊封使を遣わします。

自分が明に降伏し、臣従を誓ったとは夢にも考えていない秀吉は、大坂城で喜んで明の使いを出迎えもてなします。

この席で、明皇帝の国書が朗読されました。石田三成も小西行長も、秀吉は漢文がわからないので、ごまかせるだろうと思っていたのでしょうが、さすが腐っても鯛、秀吉は「汝(なんじ)を封(ほう)じて日本国王と為(な)す」という一文から、事の真相に気づいてしまいます。

自らが騙されていたことを知り激怒した秀吉は、小西行長を呼びつけ、一度は首を刎(は)ねると申し渡します。しかし、その後の必死の弁明で小西行長はなんとか許されます。一方、共謀した明の沈惟敬は、国書を改竄(かいざん)した罪で公開処刑されています。

なぜ秀吉は自分を騙した小西行長を許したのでしょう。はっきりしたことはわかりませんが、おそらく「私も殿下と同じく、朝鮮と明に騙されていたのです」と弁明したのだと思います。そして、秀吉は敵の言葉よりも自分の部下の言葉を信じたから、許したのではないでしょうか。

しかしこうして幾重にも嘘を重ねてしまった結果、「騙した」ことになっている朝鮮が、秀吉の怒りを一手に背負うことになります。

秀吉の怒りは、「朝鮮国のやつらを皆殺しにしろ」という命令に結実します。こうして始まったのが二度目の戦い、慶長の役です。

◇武断派と文治派の対立という大きな溝をつくる

文禄の役も慶長の役も、朝鮮半島で行われた日本軍と朝鮮軍の戦いということでは同じですが、その目的は大きく違います。

文禄の役の目的はあくまでも「唐入り（中国進出）」で、戦いはその過程で余儀なくされたものでした。しかし、慶長の役の目的は、秀吉にとって「裏切った朝鮮」を懲らしめるための報復戦です。このときの秀吉の頭の中には、朝鮮に対する怒りしかなかったので、少なくとも朝鮮半島の南半分を占領して、あとは日本人を入植させればいい、と考えていたようなのです。

秀吉は朝鮮の義兵を「一揆」と見ていました。「一揆」を根絶するには集落や都市を焼き払うしかなく、実際日本軍はそんなひどい行為を行っています。

加藤清正など主戦論者だった武将も、さすがにここまで行くと、こんな戦いはもうやめた方がいいと思うようになります。そんな、誰もが戦争に嫌気がさしていた慶長三年（一五九八）八月、秀吉はその生涯を閉じたのです。

すでにみんなこんな戦いはやめたいと思っていたので、秀吉が亡くなるとすぐに、五大老(ごたいろう)によって撤兵が決まります。

こうしてついに秀吉による朝鮮侵略は終わるわけですが、この戦いは朝鮮の人々に日本人に対する深い憎悪を植え付けただけでなく、豊臣政権にも大きな禍根をもたらしました。

その「禍根」とは、本来、**豊臣政権を支えるべき人たち、つまり家康の対抗勢力となって政権を守ってくれることを秀吉が期待していた、秀吉子飼いの部将たちの間に武断派と文治派の対立という、大きな溝をつくってしまった**ことでした。

先に引用した教科書に、「国内的には、膨大(ぼうだい)な戦費と兵力を無駄(むだ)に費やす結果となり、豊臣政権を衰退させる原因となった」とありました。確かにこのことも原因の一つではありますが、それだけではありません。この武断派と文治派の対立も、豊臣政権を衰退させた大きな原因です。

武断派というのは、加藤清正や福島正則(まさのり)など主に武勇で秀吉を支えてきた人たちです。一方、文治派とは、石田三成や小西行長など、どちらかというと算盤(そろばん)勘定や政務の面で秀吉を支えてきた人たちです。ちなみに小西行長は、実は堺(さかい)の商人出身なので算盤勘定にも長けていたのですが、戦争でも能力を発揮していました。それに比べ石田三成は、頭はいいのですが、まったくの戦争ベタでした。

和田竜さん原作の『のぼうの城』という映画がありましたが、あの映画の舞台となった忍城（埼玉県行田市）での戦いで、野村萬斎さん演じる「のぼう様（でくのぼう様）」こと成田長親にやられてしまった秀吉側の軍勢を率いていたのが石田三成なのです。

時は豊臣秀吉の天下統一の直前、北条攻めの最中です。本軍は小田原城をびっしりと取り囲んで兵糧攻めにしていましたが、北条方の城は他にもたくさんあります。その一つが忍城です。

秀吉は、算盤は得意だけどあまり戦争は得意でない石田三成に、「おまえに指揮を任せるからこの城を攻めてみろ」と言います。秀吉は、これから政権を支えてほしい三成に、武将としての功績をつくってあげたかったのでしょう。しかし、石田三成は数千人しかこもっていないこの忍城を約二万の大軍で囲んだのに、小田原城が開城しても、落とすことができなかったのです。

しかし、それでも石田三成は秀吉に重用されました。

どこの国でもそうですが、戦乱の最中は戦争に勝つことが優先されるので戦いに強い武将が重用されますが、領土が広がり、ある程度戦乱が収まると、その広い領土をうまく治める必要から、今でいうところの財政や経理、あるいは貿易といった能力を持った人間が重用されるようになります。

秀吉政権においても同じでした。

しかし、それまで文字通り命がけで働いてきた武断派の部将にしてみれば、自分たちが一生懸命体を張って戦ってきたから今の領地があるのに、小さな城一つ落とせないふがいないヤツが重用されるのは面白くありません。

このように、もともと武断派と文治派は対立するものなのですが、両者には共通点もありました。それは、どちらも秀吉には忠実だということです。

そこで秀吉は朝鮮出兵において、武断派の筆頭である加藤清正と文治派の筆頭とも言うべき小西行長に先鋒を任せたわけです。

秀吉の計画では、唐入りに成功し、二人とも五〇〇万石の大大名になり、豊臣政権を文武両面から支えてくれるようになるはずでした。

ところが、実際は違いました。

それどころか、文禄の役でどうしても和平を成立させたかった小西行長が、石田三成と結託して主戦派の先鋒だった加藤清正をなんとかして排除しようと、「加藤清正が軍令を聞かず勝手なことをしている」と秀吉にいい加減な報告をしてしまったのです。これを聞いた秀吉は、「加藤清正けしからん」と、日本に呼び戻して謹慎させてしまいます。

納得できないのは、讒言で陥れられた加藤清正です。

ちなみに清正は、謹慎を言い渡されていたときに発生した大地震の際に、真っ先に秀吉の城に駆けつけ、暗闇で震える秀吉の身を気遣ったことで、罪を許されています。

しかし、**この一件によって、小西行長・石田三成ら文治派と、加藤清正ら武断派の間には、修復不可能な亀裂が生まれてしまいました。**

それでも秀吉が生きている間はまだよかったのですが、秀吉の死後、両者の対立はさらに悪化してしまいます。

そこに目を付けたのが家康でした。家康は両者の対立を利用して、武断派の人々を取り込んでいきます。その結果、関ヶ原の戦いに際し、「徳川家康は秀吉様の天下を簒奪しようとしている。豊臣政権を守るためにみんな立ち上がってくれ」という石田三成の呼びかけに、本来なら真っ先に駆けつけ、最大の戦力となるはずの加藤清正や福島正則が石田方に味方しないという、大番狂わせが起きてしまうのです。

結局、関ヶ原の戦いでは、加藤清正は東軍につき（関ヶ原での戦いには参加せず）、福島正則にいたっては家康に味方して先鋒を任されています。

しかし、石田方の呼びかけに応じなかったからといって、彼ら武断派が豊臣政権を裏切ったのかというと、そうではありません。彼らにしてみれば、豊臣家は大切だが、「石田三成の天下になるのだけは許せん」ということだったのだと思います。

徳川家康は、そうした武断派の心理をうまく利用したということです。

家康対策でもあった「唐入り」は、逆に家康の天下取りに繋がった！

第三章のまとめ

- 天下人・秀吉の最大の弱点の一つとは、徳川家康という最大のライバルを潰せなかったことです。
- 歴代の政権が江戸に本拠を置かなかった理由とは、平野というわりには土地に高低差があることと、水利が悪いということでした。
- 天下人・秀吉の唯一の悩みと二つ目の弱点とは、ライバルの徳川家康とは違い、子供に恵まれないことでした。
- 禍根を残すまいとして秀吉が行った秀次への無残な処置は、皮肉にも後に秀頼に禍となって降りかかったのです。
- 朝鮮出兵の目的は、天下を統一したことで国内に戦う相手がいなくなり、仕事がなくなってしまった四〇万もの専業兵士たちに対する「雇用対策」でもあったのです。
- 朝鮮出兵の最大の失敗は、豊臣政権を支えるべき部将たちの間に武断派と文治派の対立という、大きな溝をつくってしまったことでした。

第四章

「関ヶ原」はなぜ一日で終わったのか

石田三成ら西軍の失敗に学ぶ

◇ねねが認めた家康の実力

慶長三年（一五九八）八月十八日、秀吉は伏見城でその生涯を終えました。

その少し前、自らの命が残り少ないことを悟った秀吉は、枕元に五大老（徳川家康、前田利家、宇喜多秀家、上杉景勝、毛利輝元）を呼び寄せ、「秀頼のことをくれぐれも頼む」と涙ながらに頼みました。特に家康には、秀頼の後見人となって支えてくれるよう懇願しています。

死にゆく秀吉に、家康は「殿下、ご安心ください」と、血判を押した誓紙まで差し出し、秀頼を支えていくことを約束しましたが、心の中では舌を出していました。

その証拠に、家康は秀吉の葬儀もまだ終わらないうちから、秀吉の遺命に反して、諸大名との縁談を勝手に進めています。

秀吉亡き後、こうした家康の専横を止めることができたのは、唯一、前田利家だけでした。しかし、その利家も、秀吉の死後わずか七カ月で亡くなってしまいます。

豊臣政権を絶対に家康には渡さない、そうした利家の強い思いに守られていた石田三成は、利家が亡くなった途端、苦境に立たされます。

この頃、すでに武断派と文治派の対立は決定的なものになっていました。文治派の

徳川家康（大阪城天守閣蔵）

中でも特に石田三成に対する武断派の反発は激しく、彼らは三成憎さから家康に接近するようになっていました。それでも利家が生きている間は、なんとか収まっていたのですが、その不満が利家の死によって一気に噴出しました。加藤清正、黒田長政、浅野幸長、池田輝政、細川忠興、加藤嘉明、福島正則ら七人の武将が、石田三成を襲撃して殺してしまおうと動いたのです。

武断派の連中が自分を殺しに来るという情報を得た三成は、奇想天外な策を取ります。なんと彼は、対立する家康の屋敷に保護を求めて駆け込んだのです。

このとき、家康は三成を殺すこともできました。でも、ここで三成を殺してしまったら、豊臣政権がある意味安定してしまうので、家康が天下を握る機会が遠のいてしまいます。ここで三成を殺すより豊臣政権を揺るがす火種として生かしておいた方がいい。家康はそう考えたのでしょう。両者の間に入り、三成を隠居させるという条件で争いを収めます。

先ほど奇策と言いましたが、おそらく三成は家康がまだ自分を殺さないことをわかっていたのだと思います。

こうして三成が領地の近江国佐和山城（滋賀県彦根市）に退き、政権の中枢から離れると、家康は待ってましたとばかりに動き出します。

秀吉存命中の豊臣政権の拠点は大坂城と伏見城の二つで、秀吉の死後は、大坂城は秀頼に与えられ、秀頼の後見である家康は伏見城で政務を執ることが遺命で決められていたのですが、家康は大坂城に入り、西の丸に居を据えてしまったのです。

実はこの西の丸は、もともと秀吉の正室・ねね（北政所、高台院）のいた場所でした。それが家康が大坂城に入るのと時を同じくして、ねねはまるで家康に西の丸を明け渡すかのように京都へ居を移しているのです。

大坂城の西の丸に家康が入れば、本丸にいる淀殿（茶々）・秀頼親子との軋轢が増すのはわかりきったことです。それなのになぜ、ねねは家康に西の丸を明け渡したのでしょう。

高台院（名古屋市秀吉清正記念館蔵）

自分にはできなかった子供を産んだ若い側室に対する嫉妬だと言う人もいますが、ねねは夫・秀吉を自分より身分が低い頃から支え、天下人にまでした賢夫人です。国のトップに立つ人間にはそれなりの器が必要なこともわかっていたはずです。そうした女性が家康に西の丸を明け渡したということは、**秀吉のつくり上げた政権の後継者として秀頼より家康を**

支持したということに他なりません。

◇家康に服従した前田家、反論を叩きつけた上杉家

大坂城西の丸に入った家康が最初に言い出したのは「加賀征伐」、つまり利家亡き後の前田家を討つということでした。

理由は前田家を継いだ利長が、浅野長政や細川忠興らと組んで家康暗殺を企んでいるという謀叛の疑いです。身に覚えのない突然の疑いに利長は困惑しつつも、対処を迫られます。

父・利家が生きていたら、間違いなく家康と戦うことを選んだでしょう。しかし、すでにその父はなく、家康の勢力は前田家の倍以上あり、まともに戦って勝てる相手でないことは明白でした。結局利長は、母・まつ（芳春院）と相談し、まつを人質に差し出し、今後絶対に家康に反抗しないと服従の意を伝えました。家康に屈服したのです。

家康はこれを受け入れ、「加賀征伐」は白紙に戻されます。

しかし、まつを人質に取るだけでは不充分だと思ったのでしょう、家康は自らの孫娘と次代の前田家の当主と見られていた利長の弟・利常の縁組みを申し入れます。姻

戚関係を築くことでこの先も前田家との繋がりが維持されるようにしたのです。こうして家康は、豊臣政権最大の支援勢力を完全に自分の陣営に取り込んだのでした。

前田利家に何度も助けられてきた石田三成は、このときの前田家の選択に、改めて利家の死を嘆いたことでしょう。しかし、実はこれこそが五大老の中で唯一、前田家が関ヶ原の戦いに一切参戦していない理由なのです。

前田家を屈服させた家康が次に狙ったのは、前田利長と同じ五大老の一人、会津（福島県西部）の上杉景勝でした。

このときも家康は前田家のときと同じように、「上杉景勝が謀叛を企んでいる」として難癖をつけました。今、「難癖」という言葉を使いましたが、前田家のときと違って、上杉の場合は本当に反乱の準備を進めていました。

家康はそんな上杉家に対して、直接景勝に問いただすのではなく、家老の直江兼続究の詰問状を京都相国寺の僧・承兌に書かせました。手紙を受け取った兼続は、景勝の謀叛を質す詰問状に対する反論を、同じく承兌に送っています。このときの兼続の反論状は、「直江状」と呼ばれ今も伝わっています。

直江状をごく簡単に要約すると、次のようなものになります。

「景勝に逆心など毛頭ない。讒訴した者を糾明もせずに、いきなり逆心などと言ってくるのは不公平極まりない。上方の武士は茶碗など人たらしの道具を集めて喜んでいるが、田舎武士は槍・鉄砲など武具を集めるのが当然のことなのだ。道を作り橋をかけるのは、国造りとして当然ではないか。もし景勝に逆心があるなら、むしろ道はふさぐはずではないか。逆心なければ上洛せよ、などと言うのは、乳呑子にここへ来いというほどの馬鹿なことだ。きのうまで逆心を抱いていた者でも、事がうまくいかぬと思えば素知らぬ顔で上洛するだろう。むだなことである」

（『逆説の日本史12　近世暁光編』小学館）

この「直江状」は日本の名手紙のベストテンに入ると言う人もいるぐらいよくできたものです。でもそれだけに、これを読んだ家康は激怒し、「会津征伐」の命令を下します。

もちろんその名目は豊臣家大老として「太閤（たいこう）の遺命に逆らう不届き者の上杉景勝を討つ」ということなのですが、すでにこの時点で家康自身がいくつもの遺命違反をしているのは諸侯も知っていたわけですから、これは明らかに家康に逆らう上杉潰（つぶ）しでした。

それでも家康派となった多くの武将が、上杉討伐軍に加わるため、大坂城西の丸に

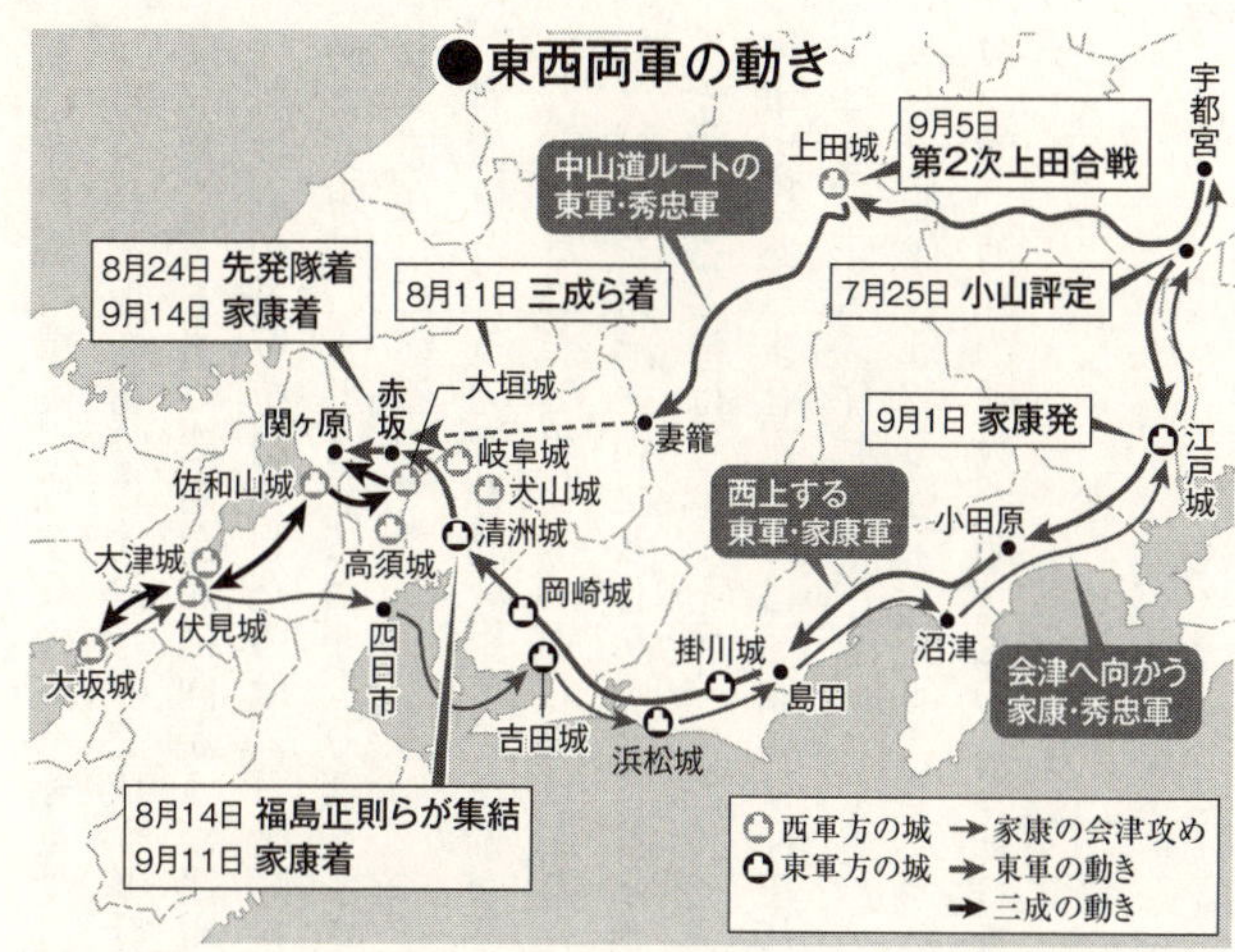

集まりました。

実は直江兼続がこれほど大胆な手紙を書いた背景には、兼続と石田三成の間で家康を挙兵させ、両者で挟(はさ)み撃ちするという計画があったからだという説があります。

確かに、直江兼続と石田三成の仲が良かったことは事実ですが、両者が事前に謀議を重ねていたという証拠はありません。私としては謀議が先にあったのではなく、**かねてから家康の専横を憎んでいた上杉景勝が、家康と一戦交える覚悟を決めたのを見た三成が、素早く応じたの**ではないかと考えています。

上杉討伐軍が三成の挙兵を受けて反転し、三成の軍勢とぶつかったのが「関ヶ原の戦い」です。

確かに討伐軍は三成挙兵の知らせを受けてから軍を反転させているのですが、家康は自分が大坂を留守にすれば、三成が挙兵することをわかっていたのだと思います。なぜなら、あまりにも会津に向かう家康軍の動きが遅いからです。

討伐軍が大坂を出発したのは六月十六日。途中、江戸城に入ったのが七月二日。当時の進軍スピードとしてはかなり緩やかです。しかも江戸城に着くとそのまま二十日間も滞在しているのです。

討伐軍というのは普通、相手の準備が整わないうちに攻めた方が有利なので、迅速に行動するのがセオリーです。それがこれほどまでゆっくりと動いていたということは、何かを待っていたとしか考えられません。

家康のもとには号令一下すぐに多くの武将が集まっていますから、待っていたのは援軍ではありません。では、家康は何を待っていたのでしょう。

そう、三成の挙兵です。

「会津征伐」はある意味「ダミー」だったと言ってもいいかも知れません。兼続と三成の間に阿吽（あうん）の呼吸があったのかも知れませんが、家康はそのことも読んでいたということです。

◇大谷吉継(おおたによしつぐ)は負けるとわかっていて三成に味方したのか

家康が大坂を発(た)つと、石田三成は五大老の一人、毛利輝元を盟主として反家康の軍を立ち上げます。それが後に西軍と呼ばれるものです。

関ヶ原の戦いが「徳川家康　対　石田三成」という対立軸であることは事実ですが、西軍の大将は石田三成ではありません。**なぜ石田三成が大将にならなかったのかというと、彼には大将になる身分も力も人望もなかったからです。**

実は毛利輝元を総大将にするというのは、ある人物のアドバイスによるものでした。

その人物とは、石田三成の無二の親友・大谷吉継です。

挙兵を決意した三成が最初にそのことを打ち明けたのが大谷吉継です。彼も秀吉の小姓(こしょう)上がりで、三成とは若いときからの友人です。武勇に優れていたことで秀吉にかわいがられ、このときは越前敦賀(えちぜんつるが)の城主となっていました。

吉継が三成から挙兵を打ち明けられたとき、彼は豊臣家大老である家康の命(めい)に従って上杉討伐軍に加わる準備をしていたところでした。

話を聞いた当初、吉継は三成に挙兵を思いとどまるよう説得を試みています。三成に勝ち目はないと見たからです。そのとき、吉継は無二の親友であるからこそ、三成が家康に勝てない理由をはっきりと告げています。

大谷吉継が指摘した三成の欠点は二つ。

一つは「言葉遣いが横柄」だということ。家康は家柄も良く身分も高いのに、身分の低い者に対しても愛想がいい。それに対し、君はことのほか横柄だ。それでは人々から慕われない。我々はもともとの身分が低いのだから、今、人々が我々を尊敬しているかのように見えても、それは心からのものではなく、お上（かみ）のご威光あってのことだとわきまえなければいけない、というのです。つまり、大将としての人望や器がないということです。

そしてもう一つは「決断力のなさ」です。もし本当に命をかけて家康を討つつもりなら、家康が伏見を出て佐和山の近くを通ったときに、なぜ佐和山に持っていた一万の兵を率いて家康を討たなかったのか。これは大いなる失策だと、かなり厳しい指摘をしました。

それでも最終的に吉継は、家康のもとには行かず、三成の挙兵に加わります。

その際に、「どうしても挙兵するなら、五大老の毛利輝元と宇喜多秀家を大将に仰（あお）ぎ、三成はあくまでも黒衣（くろご）に回るように」とアドバイスしたのです。

では、不利だとわかっていたのに、なぜ吉継は三成に味方したのでしょう。

石田三成（長浜城歴史博物館蔵）

実は吉継は、単なる友情という言葉では言い尽くせない強い思いを持っていました。そのことを伝える有名なエピソードがあります。

あるとき、吉継は三成ら他の同僚たちと大坂城の茶会に招かれました。当時、吉継はハンセン病を患っていました。ハンセン病は、今でこそ特効薬のある病ですが、当時は治療法のない死病として恐れられていました。結核も当時は治療法のない死病でしたが、ハンセン病は皮膚に病変が起こり、特に顔がもとの面影がなくなるほどに崩れてしまうことから、結核以上に忌み嫌われ、恐れられていた病気でした。

このときの吉継も、顔が崩れ始めていたので頭巾をかぶって参加していました。参加していた人々も、あからさまに吉継を避けるようなことはしていませんでしたが、彼が発病していることは知っていました。

当時の茶会は茶を回し飲みする濃茶が基本です。このときの茶会もそうでした。そんな中、吉継は大きな失敗をしてしまいます。

茶碗の中に顔の病巣から膿が一滴落ちてしまったのです。みんな口には出しませんが、恐ろしい死病の膿です。

吉継自身、どうしたものかと困惑していたところ、三成は平然とその膿の入った茶を飲み干してしまったのです。

今でこそ、この病気は膿を一滴飲んだぐらいではうつらないとわかっていますが、当時はそんなことはわかりません。誰もがこの病気を悪魔のように恐れていたこの時代に、三成の取った行動はまさに信じられないものでした。吉継が三成の友情に深く感謝し、いつか自分も三成のために、と思ったことは想像に難くありません。

そして、**その「いつか」が訪れたのが、関ヶ原の戦いだった**のです。

◆秀吉は関ヶ原の戦いを予想できなかったのか

> 五大老の筆頭の地位にあった家康は、秀吉の死後に地位を高めた。五奉行の一人で豊臣政権を存続させようとする石田三成と家康との対立が表面化し、1600（慶長5）年、三成は五大老の一人毛利輝元を盟主にして兵をあげた（西軍）。対するのは家康と彼に従う福島正則・黒田長政らの諸大名（東軍）で、両者は関ヶ原で激突した（関ヶ原の戦い）。
>
> 天下分け目といわれる戦いに勝利した家康は、西軍の諸大名を処分し、1603（慶長8）年、全大名に対する指揮権の正統性を得るため征夷大将軍の宣下を受け、江戸に幕府を開いた。
>
> （『詳説日本史　改訂版』山川出版社）

「秀頼を頼む」と懇願した秀吉の思いは、結局、家康には届きませんでした。

秀吉はいまわの際(きわ)になって懇願しただけで、それまで自分が死んだ後の豊臣家のことをきちんと考えていなかったのでしょうか。

いいえ、秀吉はちゃんと考え、手も打っていました。

ただ、その打った手がことごとく裏目に出てしまったので、結果的に何も考えていなかったように見えてしまうだけなのです。

秀吉が打った最大の手は「唐入り(からいり)」です。これは失業対策だったと言いましたが、同時に、家康対策でもありました。

唐入りのところでも述べましたが、秀吉は加藤清正や小西行長(こにしゆきなが)といった子飼いの信用できる部将を唐入りで勝たせ、家康に対抗できる大大名に育てようと考えていました。

しかし、その大プロジェクトが失敗したことで、豊臣家を守る大大名となるはずだった加藤清正や小西行長は、却(かえ)って勢力を弱める結果になってしまったのです。

さらに豊臣政権にとって不幸だったのは、唐入りの失敗によって、もともとあった武断派と文治派の対立が修復不可能なものになってしまったことです。引用した教科書の記述に「三成は五大老の一人毛利輝元(もうりてるもと)を盟主(めいしゅ)にして兵をあげた（西軍）。対するのは家康と彼に従う福島正則・黒田長政らの諸大名（東軍）」とありますが、そこまで豊臣恩顧の大名たちが対立したのは「なぜ」なのかということがよくわかりません。教科書では、朝鮮出兵（唐入り）の解説と関ヶ原の戦いの解説が数ページ離れ、別々に書かれているために、その因果関係がわかりませんし、その補足説明もありません。何度も申し上げますが、**歴史教育で大切なのは「因果関係を知ること」です。そこに歴史を学ぶ意味や歴史の知恵がある**のです。

後の歴史学者は、朝鮮出兵、つまり唐入りについて「あんなバカなことをやったから、豊臣政権は寿命を縮めてしまったんだ」と言います。

それは結果においては事実ですが、前章で述べたとおり、秀吉は頭がおかしくなったからそんなバカなことをしたのではありません。「うまくいく」**「これで自分が死んだ後も豊臣政権を盤石にすることができる」と思ってやったのですが、結果としてそれが裏目に出てしまった**、ということなのです。

あの時代、スペインやポルトガルは世界に進出して巨大帝国になっていました。そして、それを実現させたのは海外貿易です。

そのことを信長のそばで見て知っていた秀吉は、日本国内を統一したら、次は中国に進出して、広大な土地を手に入れるとともに、貿易路を拡大して巨万の富を稼ぐということを考えていたのだと思います。

もし、あの唐入りが成功していたらどうなっていたのか。そういう視点で歴史を見直せば、秀吉は豊臣政権を盤石なものにするために、とても壮大な計画を立て、実行に移していたことがわかるはずです。

これが成功していたら、関ヶ原の戦いが起きなかったことはもちろん、徳川家は中堅の大名家の一つで終わっていたことでしょう。

計画がたまたま失敗に終わり、しかも秀吉が考えていた以上に悪い結果を招いてしまったことが「関ヶ原の戦い」に繋がっているのです。

◇関ヶ原の戦いはもっと長引くと思われていた

天下分け目の「関ヶ原の戦い」は、たった一日で決します。

我々はこの戦いが一日で終わったという結果を知っているので、なんとなく、ああいうものは一日で決着がつくものなんだと思ってしまっているかも知れませんが、それは間違いです。

教科書でも「天下分け目といわれる戦いに勝利した家康」と説明していますが、「天下分け目」と言われただけで、それ以上深く考えることがない思考停止状態に陥ってしまいます。しかし「関ヶ原の戦い」には、「天下分け目」という美しく飾った言葉だけで終わらせてしまうにはもったいないほどの、学ぶべき「歴史の知恵」があるのです。

「天下分け目の合戦」というものは、天下を分けるほどの大戦であるからこそ、そう簡単に決着がつくものではないというのが当時の常識でした。

実際、秀吉もその才能を恐れた軍師・黒田官兵衛（如水）も、この戦いは長引くと見ていました。

官兵衛は関ヶ原の戦いが起きたとき、すでに隠居の身でしたが、まだ野心を失っていたわけではなく、北九州で力を蓄えながら時節の到来を待っていました。

彼が待っていたのは、九州の諸大名がことごとく領国を離れるときです。天下分け目の決戦となれば、ほとんどの大名が東西どちらかの陣営に参加するため領国を離れます。しかも戦いに行くわけですから、領国に残るのは、どこもわずかな留守居兵だけです。これこそ官兵衛が待っていた「時節」でした。

もちろん黒田家も出兵しますが、家督はすでに息子・長政に譲っているので、官兵

「天下分け目の合戦」は、長期戦になると思われていた！

衛は領国に残ることができます。

そこで、**天下分け目の戦いがかなり長引くと見ていた官兵衛は、他の大名が領国を離れている隙に挙兵し、まず九州全土をその掌中に収め、あわよくば天下をも狙ってやろうと考えていた**のです。応仁の乱は何十年も続いたではないですか。

ところが、少なくとも半年や一年はかかると思っていた戦いが、なんと一日で終わってしまったのです。官兵衛はこの結果を信じられない思いで聞いたことでしょう。

この話をすると、黒田官兵衛は名軍師だと言われていたけれど、案外たいしたことないんだな、と思う人も多いようですが、それは違います。

官兵衛が戦いが長引くと思ったのは当時のことで、天下分け目の合戦がたった一日で終わるなどということは、普通はあり得ないことなのです。

ですから、**関ヶ原の戦いを見る上での大事なポイントは、「なぜ一日で終わったのか」ということ**なのです。

考えてみてください。確かに関ヶ原という所で、徳川家康を大将とする東軍と、石田三成が采配を振るう西軍とが戦いを繰り広げ、その戦いは一日で決したかも知れません。でも、石田三成が敗走したとしても、彼は西軍の総大将ではありません。彼は単なるコーディネーターに過ぎないのです。西軍の総大将は、あくまでも五大老の一人、毛利元就の孫である毛利輝元です。

毛利輝元は関ヶ原には出陣せず、秀頼とともに大坂城に数万の兵を擁していたのです。

つまり、初戦の関ヶ原で負けたとしても、まだ第二、第三ラウンドがある可能性が充分にあったのです。

しかも、関ヶ原の戦いというのは、毛利軍を別にしても、実は東軍も西軍も総力戦ではなかったのです。

当時「日本一」と謳われた西軍の最強部隊は、徳川家康の命を受けた京極高次によって近江の大津城で足止めを食い、ついに関ヶ原には間に合いませんでした。

一方東軍も、徳川秀忠率いる主力部隊三万八〇〇〇が、真田昌幸によって信濃（長野県）の上田城で足止めされ関ヶ原に間に合っていないのです。

互いに多くの兵を残した状態であったにもかかわらず、**なぜ第二ラウンド、第三ラウンドの戦いに進まなかったのか。これこそ関ヶ原の戦いを読み解く重要なポイントなのです。**

◇西軍の最強部隊を足止めした京極高次

西軍の最強部隊とは、筑後国（福岡県南部）柳川の領主・立花宗茂率いる軍のことです。

今はあまり知名度の高くない立花宗茂ですが、秀吉の時代には多くの武功を挙げ、諸大名の居並ぶ前で、秀吉に「東の本多忠勝、西の立花宗茂、東西無双」とその武勇を褒められたこともある武将です。中でも唐入りの折りには、何万もの明軍を相手に大活躍しています。

関ヶ原の戦いでは、直前に家康から東軍に味方するよう誘われ、家臣たちにも東軍につくことを勧められながら、「太閤殿下の恩義に背くことはできない」とこれを拒否、西軍に属しています。

決戦の舞台となった関ヶ原は、美濃国不破郡、現在の岐阜県不破郡に位置する広大な盆地です。そこに繋がる道の一つに、東軍の城、京極高次の守る大津城があります。宗茂は関ヶ原に向かう途中、毛利元康・毛利秀包らとともにこれを攻めたのですが、思いの外激しい抵抗を受けます。

京極高次というのは、浅井三姉妹の次女・初を娶った人として有名ですが、京極家は、もともと北近江の守護大名だった名門の家柄です。それが家臣の浅井氏に領地を乗っ取られ没落、その後、妹の竜子（姉という説もある）が秀吉の側室になったことから秀吉に取り立てられ、そこからは順調に出世を重ね、関ヶ原の時点では近江大津六万石の大名になっていたという人物です。

京極高次は、妹が秀吉の側室になってから大名への道を歩き出したこともあって、「蛍大名」とささやかれ、「妹の七光」と揶揄（やゆ）されましたが、実際には名門の出身としては非常に優秀な人です。

大津城を守る京極高次は、豊臣恩顧の大名ということもあって、当初は西軍に加わっていました。ところが決戦の直前になって東軍に寝返ったのです。

高次は、家康から「西軍の協力部隊を足止めしてくれ」という命を受けていたのでしょう。

裏切り者高次を討つよう命じられたのが、日本最強武将と呼ばれた立花宗茂でした。毛利元康を大将とする立花軍は一万五〇〇〇、対する京極高次の軍は、籠城（ろうじょう）戦だとはいえ、わずか三〇〇〇でした。

立花軍は大津城を取り囲み激しい攻撃をかけましたが、大津城はなかなか落ちず、結局、大津城が開城したのは関ヶ原の戦いのまさに当日のことでした。大津と関ヶ原の間は一日で行ける距離ですが、さすがに当日では間に合いません。

つまり、京極高次は見事に家康の期待にこたえ、西軍の最強部隊を関ヶ原に参戦させないことに成功したのです。

ちなみに京極高次は、大津城を開城する際に高野山（こうやさん）に入ることを条件に一命を助けられ、その後、天下を取った家康に大津城の戦いの武功を認められ、若狭国（わかさのくに）（福井県西部）八万五〇〇〇石を与えられています。

大津城の戦いは、関ヶ原の戦いの前哨戦の一つとされ、あまり注目されてきませんでしたが、実は勝敗を左右するとても大きな意味を持つ戦いだったのです。

◇家康の「本軍」を足止めした真田昌幸

関ヶ原の戦いの前に家康は、豊臣家大老の立場を利用して、「上杉景勝が反乱を起こそうとしている」という名目で、大軍を率いて東に向かいます。もちろん、それは、「俺が留守の間に、必ず三成が兵を挙げるだろう」と読んでのことでした。

案の定、三成は兵を挙げ、徳川譜代の家臣・鳥居元忠が守る伏見城を落とします。三成の挙兵を確信していた家康は、伏見城が狙われることもわかっていました。そのため鳥居元忠は初めから死を覚悟し、家康も伏見城は捨て石にすると決めていました。つまり、石田方を挑発するために家康は敢えて伏見城を餌として残したのです。

石田三成は、見事にその餌に食いつき、伏見城を落とします。

もちろん家康はそうなることがわかっていたのですが、**敢えて落城の知らせを聞いてから引き返します。あくまでも、先に仕掛けたのは、三成だという体をとった**のです。

上杉討伐のために下野小山にいた家康軍は、大坂に引き返すことを決めますが、当時の街道は狭く、大軍が一気に行くとあまりにも長蛇の列になってしまうということで、全軍を東海道と中山道の二手に分けて西に向かいました。

この時点ではまだ、どこが決戦場になるかはわかっていませんでしたが、西の方になることだけはわかっていました。関ヶ原も考えにあったと思いますが、大坂城での決戦になることも考えていたかも知れません。家康が避けたい最悪の展開は、秀頼を盾にして戦われることによって、福島正則をはじめ豊臣恩顧の大名を敵にまわすこと、豊臣家のための戦いという大義名分を失うことです。とにかく、東軍としては伏見城が落とされた以上、一刻も早く西に移動する必要がありました。

家康は約三万の軍を率い東海道を西に進み、息子・秀忠が三万八〇〇〇の軍を率いて中山道を西に向かいました。家康の軍より秀忠の軍の方が数が多いのは、おそらく家康は、秀忠に本軍を預け、この天下分け目の戦いで指揮を執らせ、後継者としての地位を確立させようと考えていたからだと思われます。

ですから二手に分かれるとき家康は、くれぐれも決戦に遅れることのないように秀忠に言っていました。

しかし、秀忠は真田昌幸・信繁（幸村）親子によって、途中の上田城で足止めを食っています。これは、美濃辺りが決戦の場所になりそうだと察知した三成の頼みによるものでした。「徳川軍は中山道と東海道を通って西に向かうだろう。いずれ西の方で大決戦があると思われるので、なんとか中山道の徳川軍を釘づけにしてもらえないか」、そう三成から依頼を受けたであろう真田昌幸は、これを了承、見事に徳川秀忠を足止めするのです。

それにしてもなぜ昌幸は三成の頼みを引き受けたのでしょう。秀忠軍は三万八〇〇〇の大軍で、対する真田軍はわずか三〇〇〇足らずなのです。城攻めは通常、籠城軍の三倍の兵力が必要だと言われます。これは、逆に三倍の兵がいれば籠城されても落とすことができるということです。

実際、京極高次と立花宗茂の大津城の戦いは、時間はかかったものの、五倍の兵力を擁す立花軍が大津城を落としています。しかし上田城の場合は、単純計算でも一二倍以上の大軍を相手にすることになるのです。

しかもこのとき昌幸の嫡男（ちゃくなん）・真田信幸（のぶゆき）（のち信之（のぶゆき））は東軍に従っていました。

では、なぜ昌幸は西軍に味方したのでしょうか。それは、秀吉に恩を感じていたからでしょう。

その恩というのは、第二章でも少し触れた名胡桃（なぐるみ）城、そして沼田（ぬまた）城の一件です。

第二章では、秀吉と昌幸が示し合わせて、名胡桃城の一件を北条（ほうじょう）攻めの口実に利用したという話をしましたが、実は昌幸もこの一件では大きな褒美を得ていたのです。それが沼田城です。

上野国利根郡（群馬県沼田市）に位置する沼田城は、真田昌幸にとって特別な場所でした。もともと沼田城は北条氏出身の沼田氏の城でしたが、天正八年（一五八〇）、武田の配下にあった真田昌幸が攻め落とし、昌幸自身が建て直した城でした。沼田は真田の本拠地と上野国を結ぶ街道を押さえるための重要な場所でした。

しかし、関八州を領有しながら、上野国だけ武田家に攻め取られたのが、北条は悔しくて仕方ありませんでした。その恨みのシンボルとも言えるものが、沼田城だったのです。

そのため武田を滅ぼし、その領地を手にしていた織田信長が本能寺の変で亡くなった後、北条は急いで上野国のほとんどを攻め、取り戻したのですが、沼田城だけは手に入れることができなかったのです。

その後昌幸は、北条と敵対する徳川の傘下に入り命脈を保つのですが、秀吉と家康の対立で、思わぬ窮地に見舞われます。

織田信雄とともに秀吉と戦うことになった家康が、背後の安全を確保するために北条と和議を結ぶのですが、その際の北条の条件が「沼田城を返すこと」だったのです。

家康は、真田昌幸は俺の配下になったのだからと、沼田城を北条に返させるという約束で講和を結びます。今北条と同盟を結ばないと、西の秀吉と対決できない家康が、昌幸に「沼田を北条に返してやって欲しい、その代わり別の土地を与える」と言うと、昌幸もいったんはそれを了承するのですが、本心ではありませんでした。沼田城を自らの力で切り取った昌幸には到底受け入れがたいものでした。

そして、別の土地を与えるという家康の申し出を丁重に断りつつ、昌幸は「実は、上杉が信濃を虎視眈々と狙っています。いま真田郷にある城では到底上杉と戦うことはできません。つきましては、城を建てたいと思うのですが、援助していただけませんか」と申し出たのです。

秀吉との対立で頭を悩ましていた家康は、対上杉もあってこの援助を了承します。こうして**徳川の資金でちゃっかりと建てたのが、大名並みの立派な城・上田城なのです。**

昌幸は城が完成すると、掌を返したように、沼田城の引き渡しを拒否し、今度は上杉の傘下に入ったのです。その後、天下人となった秀吉の裁定により、沼田城は北条に取られてしまうのですが、北条攻めが終わった後、秀吉は沼田を真田に返しています。おそらく昌幸は、この沼田城のことで秀吉に深く恩義を感じていたのだと思います。そして、それが関ヶ原の戦いのときに、上田合戦というかたちで、西軍の石田三成に味方したことに繋がるのではないか、と思われます。

一方、信繁はどうでしょう。昌幸が秀吉に臣従するようになると、信繁は秀吉のも

「犬伏の別れ」の舞台・薬師堂（下野国／栃木県）。ここで真田親子は合議を開き、袂を分かったと伝説で語られている。信幸（信之）は家康との関係を重んじて東軍につき、昌幸と信繁（幸村）は豊臣政権の恩顧のため、西軍につくという決断をしたと言われる。

のに兄・信幸と同格の「従五位下左衛門佐」に叙任され、豊臣姓も与えられたりしています。また、豊臣政権の運営を担っていた大谷吉継の娘を信繁は妻としています。人の能力を見る眼が抜群だった秀吉にこれほどまでに寵愛されたのですから、信繁は若い頃からやはり才気溢れる人物だったのでしょう。豊臣政権に対する恩義も感じていたと思います。

とは言っても、どちらか一方につくのも真田家存続にはリスクが高すぎます。そこで本多忠勝の娘を家康の養女としてもらっていた信幸を徳川方につかせ、どちらが勝ったとしても真田家が残るようにと考えたのでしょう。

家康は、これ以前、上杉傘下に入った真田を討とうとした第一次上田合戦（一五八五年）で真田軍に敗れていますが、このときも約七〇〇〇もの大軍をもってしても、真田軍の約二〇〇〇を破ることはできませんでした。

結局、秀忠の本軍はここで足止めを食ってしまったために、大切な天下分け目の戦いにも間に合わなかったのです。九月十七日、妻籠で秀忠は東軍の戦勝を知ります。

そういう意味では、この戦いは真田昌幸の大手柄なのですが、肝心の石田三成が関ヶ原で負けてしまったために真田親子は褒美を得るどころか、命の危機に直面することになるのでした。

◇なぜ、天下分け目の決戦は長引かなかったのか

天下分け目の戦いは、もっと長引くはずの戦いでした。

もし家康が関ヶ原で首を取られたとしても、本軍である秀忠は関ヶ原に来ていないのですから、当然、東軍は秀忠を中心に反撃したでしょう。つまり、第二ラウンドがあったはずなのです。

同様に、三成率いる西軍が負けたとしても、総大将の毛利輝元の軍は大坂城に無傷でいたのですから、それは石田三成の指揮する部隊が初戦に負けたというだけのことだったはずです。総大将が難攻不落の名城にいて、しかも、秀頼という錦の御旗を擁しているのですから、普通に考えれば、この場合も第二ラウンド、第三ラウンドと続くのが当然だったのです。

では、当然あったはずの第二ラウンド、第三ラウンドがなかったのはなぜなのでしょう。

原因を一言で言えば、「石田三成の武将としての経験不足」です。

美濃の大垣城に籠城していた三成ら西軍の主力部隊は、東軍が大垣城を離れ、三成の居城である佐和山城に向かう、という家康が流した情報に騙され、大垣城を出て、

先回りして関ヶ原に向かったとも言われています。城攻めよりも野戦を得意とする家康に一杯食わされたのです。

しかも南宮山に布陣する吉川広家ら毛利の軍勢は動かないということは、家康は事前に知っていました。三成は関ヶ原で東軍を包囲し、迎え撃てば勝てると思ったのでしょうが、考えが甘かったとしか言えません。三成の軍事指揮官としての経験不足、諜報活動不足でしょう。

歴史を学ぶときは「因果関係を知ること」とともに、「失敗の歴史を学ぶこと」も大切です。三成ら西軍の何が失敗（間違い）だったのか、なぜ関ヶ原の戦いは一日で終わってしまったのかという問いの答えを見つけることは、我々現代人が将来同じような失敗を繰り返さないためにも、とても重要なことです。

実は家康も二十七年前の元亀三年（一五七二）、三方ヶ原の戦いで武田信玄を相手に同じような失敗をしています。西上戦を目論む信玄は家康・織田連合軍が籠城する浜松城に向かわず、三河方面へ侵攻する動きを見せます。三方ヶ原の台地で戦えば勝てると踏んだ家康は浜松城から出撃します。しかし、これは信玄の罠でした。軍勢を反転し、鉄壁の布陣で待ち構えた信玄軍に家康・織田連合軍は完敗します。家康はこの三方ヶ原の戦いやその後の戦いで多くのことを学んだのでしょう。関ヶ原の戦いの時点で、家康と三成の力の差は歴然としていました。

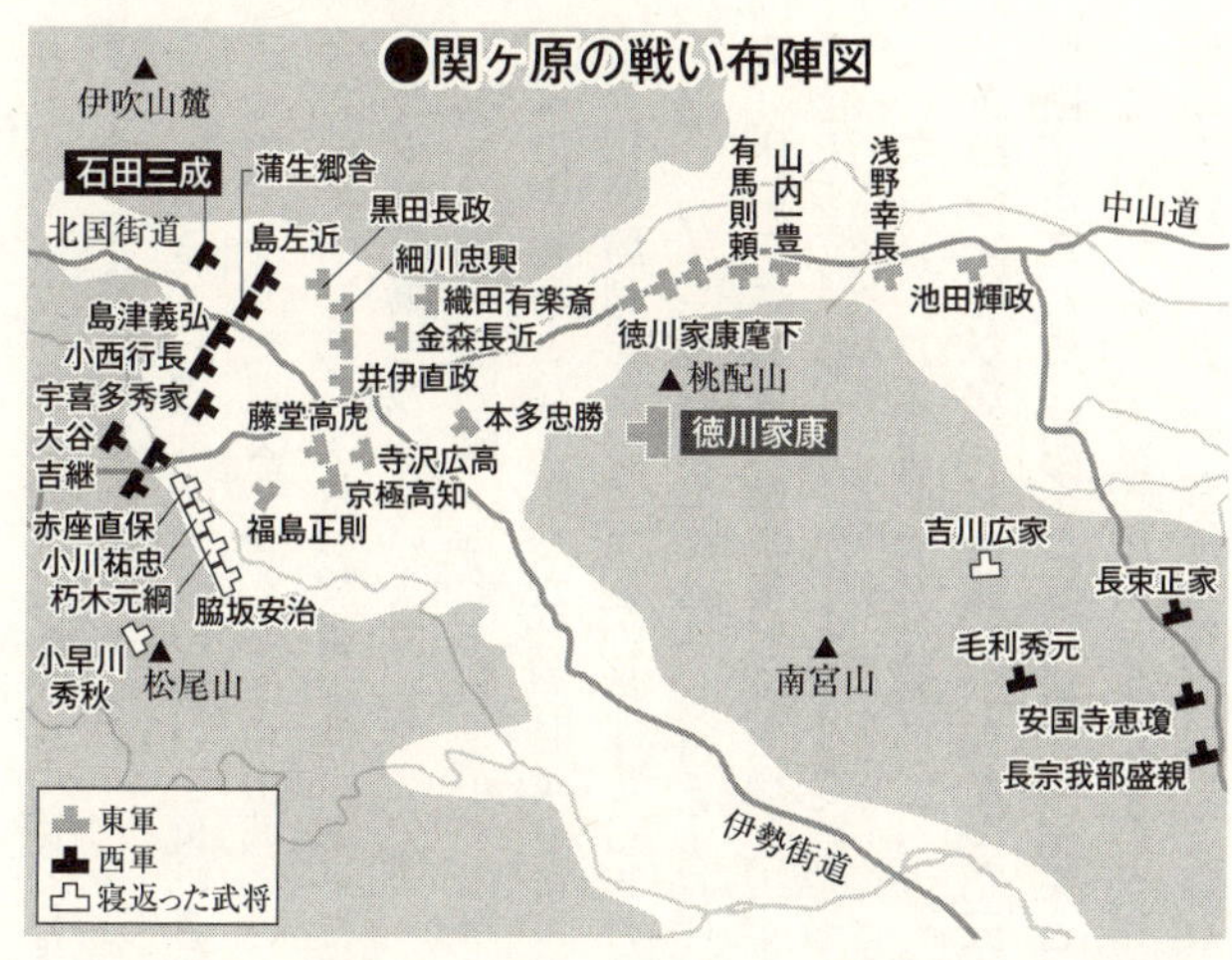

石田三成という人は、行政官としては超一流の才を持っていました。予算を立てたり、国の財政を運営したり、あるいは物資を運んだりということに関しては天才的な人なのですが、軍人としてはまったくと言っていいほどダメでした。

先に『のぼうの城』で知られる三成の忍城攻めの話をしました。あのときも大失敗でしたが、関ヶ原でも彼は大失敗をしました。

しかしその失敗は、あくまでも第一ラウンドで負けたに過ぎないのですが、経験不足の三成にはそうは思えなかったのでしょう。

関ヶ原は美濃でも近江との国境にありますから、三成の居城・佐和山城に近く、いくらかの兵が残っていました。毛利の本軍が置かれた大坂城も決して遠くはありません。馬であれば一日くらいでたどり着くことができる距離です。

ですから、三成は関ヶ原の戦いが負けるとわかったときに、すぐに佐和山城に逃げ込んで、そこで武装を整え、佐和山城にいた兵を引き連れて大坂城に入城すればよかったのです。そうすれば、第二ラウンドに進むことができたのです。西軍最強の立花宗茂軍は無傷で残っています。

忍城攻めでは三成は負けましたが、本軍の北条攻めは大勝利だったので、結果は豊臣軍の大勝利となりました。同じように、関ヶ原で三成が負けても、その後の戦いで毛利軍が勝利を収める可能性は、実はまだ大いにあったのです。

ところが三成は、関ヶ原で負けると馬にも乗らず食糧も持たず、森の中に逃げ込み、山中をさまよった挙句（あげく）、腹を壊して東軍に捕まってしまったのです。

近江は彼が生まれ育ったところです。土地勘もあるはずなのに、なぜそんなことになってしまったのでしょうか。

軍事の才能がなく、経験も少なかった三成には、戦局を見て引くべきタイミングを判断することも、引くときは素早く引くという決断もできなかったのだと思います。

こうした戦いでは、大将はまだ少し余裕があるときに、つまり周りに腹心の家来が残っているうちに、背後を守ってもらいながら逃げなければなりません。これは敵前

関ヶ原合戦図屏風（左隻・部分。大阪歴史博物館蔵）。手前の松尾山に布陣する小早川秀秋の軍勢が西軍に襲いかかり、その西軍が壊走する場面。徳川家康の養女・満天姫が慶長17年（1612）に弘前藩主・津軽信枚に輿入れした際に持参した屏風。

逃亡ではなく一時撤退です。

一時撤退して、佐和山城に向かうか直接大坂城に向かうかしていれば、むざむざ捕まらずに済んだはずです。

実は、私は当初、家康が手回し良く三成の逃げ道を封鎖したのではないか、と思っていたのですが、調べてみるとそうではないのです。

いくら経験不足だと言っても、頭のいい三成の判断としては余りにもお粗末です。これはあくまでも私の推測ですが、おそらくは、最初は優勢だったのに自軍から寝返りが起きて形勢が逆転してしまったことで、頭に血が上ってしまったのではないでしょうか。血が上って、兵士をどんどん投入して、ふと気がつくと自分の周りにはもう誰もいない。三成は最後の最後までこの戦いは負けるとはまったく思わなかった、そういうことだったのではないでしょうか。

◇毛利輝元はなぜ総大将を引き受けたのか

関ヶ原の戦いに第二、第三ラウンドがなかったもう一つの理由は、総大将である毛利輝元が凡庸な人物だったからです。

毛利元就は優れた大将でしたが、孫の輝元は残念ながら大将の器ではありませんでした。それでもここまで領主として務まってきたのは、毛利の「両川」と呼ばれた小早川隆景と吉川元春が支えてきたおかげです。

輝元にとって不幸だったのは、関ヶ原の戦いのときには、すでに小早川隆景も吉川元春もこの世にいなかったということでした。もし彼らが生きていたら、おそらく石田三成の誘いに乗って西軍の総大将に就くことはなかったでしょう。

では、誰も輝元の総大将就任に反対しなかったのかというと、反対した者もいました。吉川元春の跡を継いだ吉川広家です。広家は初めから三成の計画に批判的で、輝元にも三成から使いが来ても応じないように説いていました。

しかし、輝元は三成の誘いに乗って総大将に就任してしまいました。

このとき三成の使いとして毛利家に来た安国寺恵瓊がどのような言葉で輝元を口説いたのか、史料が残っていないのでわかりませんが、おそらくは家康の専横は太閤殿下の遺命に明らかに背いているという「理」を説きつつ、この戦いに勝てば、かつて元就の時代に築いた毛利の最大領地を回復できるという「利」も説いたのだと思います。

この計画には負ければ領地を失い、場合によっては命も危ぶまれるというリスクもありましたが、輝元は総大将を引き受け、広島から大坂へ向かいました。

この危険な賭けに、輝元はなぜ乗ったのでしょう。

あくまでも私の想像ですが、輝元は大きなことを成し遂げて、祖父・元就に対する劣等感を払拭したいと思っていたのではないでしょうか。

若くして毛利本家の当主となった輝元は、常に叔父の小早川隆景と吉川元春に守られ、支えられてきました。それはとてもありがたいことである反面、一国の当主としては情けないことでもあったのでしょう。実際、輝元は常に偉大な祖父・毛利元就と比べられ、「不肖の孫」という世評を受けていました。

しかし、老獪な家康は、やはりお坊ちゃん育ちの輝元が敵う相手ではありませんでした。

輝元が西軍の総大将に就任したことが耳に入ると、家康は大坂に謀略の手を伸ばしました。

家康にとって最も困るのは、総大将・毛利輝元が、秀頼を擁して出陣してくることです。家康は名目上とはいえ、豊臣政権の五大老筆頭という立場で戦っているわけですから、秀頼に刃を向けることはできません。「逆臣」になってしまうからです。

また、福島正則など、今は三成憎しで家康に味方している豊臣恩顧の武将たちも、秀頼が出てきたら戦線を離脱する可能性があります。ですから家康は、なんとしても秀頼の出陣を防ぐ必要がありました。

実は、秀頼が出陣する可能性はもともと高いものではありませんでした。なぜなら、秀吉が秀頼の身を心配するあまり、大人になるまでは城を出ないように指示してあったからです。しかし、慎重な家康は、大坂城内にいる内通者に、「出陣は危険である」という情報を盛んに流させました。

秀頼の出陣はないにしても、毛利輝元が出陣する可能性はあります。そこで今度は「もし輝元が大坂城を出たら、裏切り者が直ちに秀頼を手中に収め、西軍を賊軍にするだろう」という噂を流させました。これで輝元は大坂城を離れられなくなってしまいました。

西軍の総大将となった毛利輝元が、約三万五〇〇〇もの兵を従えて大坂城に入りながら、「秀頼様をお守りする」と言って、とうとう関ヶ原に出て来なかった陰には、こうした家康の謀略があったのです。

謀略というのは表に出ないので、歴史学では過小評価されがちですが、実際には戦局にかなり大きく影響しているのです。

◇毛利の両川・吉川と小早川は、なぜ裏切ったのか

毛利の両川と謳われた小早川隆景も吉川元春も関ヶ原の前に亡くなり、吉川家は元春の実子である広家が継ぎ、小早川家は隆景の養子となった秀吉の甥（と言ってもね

ねの血筋ですが）、小早川秀秋が継いでいました。

本家の当主である毛利輝元が西軍の総大将を引き受けたため、この二人も西軍としてこの戦いに参加しています。

家康の謀略によって、輝元は大坂城を動くことができなくなっていましたが、毛利の本隊は代わりに毛利秀元が率いて南宮山に、小早川秀秋の隊は松尾山に布陣していました。本隊を率いた毛利秀元は元就の四男の長男ですが、まだ若かったため、副将として吉川広家がついていました。

慶長五年（一六〇〇）九月十五日午前八時、家康の四男・松平忠吉と井伊直政が敵めがけて発砲、そして東軍先鋒の福島正則隊が宇喜多秀家隊、小西行長隊に襲いかかり、決戦の火ぶたが切られました。

戦いは当初、西軍が優勢でした。おそらく石田三成もこのときは勝利を確信していたことでしょう。

しかし、西軍有利で展開しているにもかかわらず、西軍の中には動こうしない隊がいくつもありました。毛利本隊と小早川隊、そして薩摩の島津義弘率いる島津隊です。三成は何度も攻撃に参加するよう要請をかけますが、彼らは動こうとしません。島津隊の兵力は約一六〇〇と少数だったのでそれほど影響は大きくありませんが、毛利本隊と小早川隊を併せた兵力は三万二〇〇〇、戦局を大きく左右する力を持ってい

松尾山・小早川秀秋陣跡から見た関ヶ原の風景（関ケ原観光協会提供）。松尾山からは東西両軍の激戦が一望できた。小早川秀秋や平岡頼勝、稲葉正成ら重臣たちは、山頂から両軍の様子を見極めながら、東軍に参戦することを決断したと思われる。

ます。

しかも南宮山の毛利本隊は、桃配山に布陣する家康本陣の背後に位置し、松尾山に位置する小早川隊は宇喜多秀家隊に押されている福島正則隊、藤堂高虎隊を側面から攻めて壊滅させられる好位置にいました。

今彼らが動いてくれれば西軍の勝利は間違いありません。三成は焦りましたが、何度要請をかけても毛利本隊も小早川隊も動こうとしませんでした。

なぜ動かなかったのかといえば、吉川広家は家康に完全に内応し、小早川秀秋は迷っていたからです。

吉川広家は、もともと毛利が西軍に与することに反対していました。広家からすれば本家の輝元も秀元もお坊ちゃま育ちで頼りになりません。そんな中で、仮に三成がこの戦いに勝ったとしても、第二、第三ラウンドと戦いは続くだろうから世の中が再び乱世になる可能性は高い。そうなれば徳川の方が有利になる確率が高いのだから、ここは家康に恩を売っておいた方が得策だと考えたのだと思います。

しかし、毛利本家が西軍の総大将である以上、積極的な裏切り行為はできません。そこで広家は、戦いに参加しないという消極的なかたちでの裏切りをすることにしたのです。このことは家康も承知していました。毛利本隊は絶対に動かない、そう確信していなければ、毛利本隊が布陣する南宮山を背後に持つ桃配山に布陣することなどできないからです。

吉川広家の心は決まっていましたが、小早川秀秋は迷っていました。というのも家康は、小早川秀秋には広家とは違い、「積極的な裏切り」、つまり西軍を攻撃することを求めていたからです。

実は家康は、秀秋が約束通り行動するように、目付（めつけ）役として奥平貞治（おくだいらさだはる）という武将を小早川隊に派遣していました。随分念入りな、と思うかも知れませんが、家康にはかつて織田信雄というバカ殿と組んだときに、目付を付けておかなかったために、戦いに勝っていたにもかかわらず、むざむざ講和を結ばれてしまったという苦い思い出がありました。同じ失敗を二度と繰り返さないのが、家康のすごいところです。

三成が、再三の要請にもかかわらず動かない小早川隊にイライラしていたとき、実は家康もいらついていました。約束ではもっと早く小早川隊が寝返って、西軍を攻撃していたはずだからです。

吉川広家の内応は時局を判断した上でのことでしたが、小早川秀秋の寝返りはねね

Point

小早川秀秋の寝返りには、家康の念入りな謀略があった！

（高台院）のためだと思います。

ねねは秀秋の叔母ですが、幼い頃から秀秋を育ててくれた母のような存在でした。**その彼女が秀吉の世を引き継ぐ者として、秀頼ではなく家康を支持したことが、秀秋が寝返った理由でしょう。**それにそもそも秀秋は豊臣家をあまりよく思っていなかったのでしょう。秀吉の寵愛が実子の秀頼に向かい、むしろ秀秋は秀次（ひでつぐ）同様、秀吉から疎（うと）んじられる存在になっていました。

しかし、一度は寝返ると決めたものの、小早川秀秋という人はやはり小心者だったのか、いざとなると怖くて動けなくなっていたのです。なぜなら、秀頼は大恩ある秀吉が溺愛した子供であり、形だけとはいえ現在の天下人です。もしここで自分が寝返ることで家康が勝ったら、秀頼を窮地に陥（おとしい）れることになってしまいます。

ぐずぐずといつまでも悩んでいた秀秋を踏み切らせたのは、松尾山の小早川隊に鉄砲を撃ちかける〈問（とい）鉄砲〉という、家康の過激な催促でした。

家康にとって、この催促は危険な賭けでもありました。なぜなら、鉄砲を撃ちかけるというのは明らかな攻撃行為なので、もし秀秋がこれを「侮辱」と受け取ったら、寝返りをやめて東軍を攻撃してくる可能性もあったからです。そうなれば、関ヶ原の軍配は間違いなく西軍に上がっていたでしょう（家康からの問鉄砲はなかったという説もありますが）。

しかし気の弱い秀秋は、家康から「叱られた」という恐怖から、そして、奥平貞治や黒田長政による調略により家康に内通していたと言われる平岡頼勝、稲葉正成（春日局の夫）ら重臣の忠告から、寝返りを実行したのだと思います。

こうして、最初のうち、西軍が優勢だった関ヶ原の戦いは、小早川秀秋の寝返りを機に形勢が逆転していったのです。

◇島津義弘はなぜ戦闘に加わらなかったのか

西軍には、毛利本隊とは別にもう一つ、最後まで動かなかった部隊がありました。薩摩の島津隊です。

実は、島津隊が動いたのは、関ヶ原の勝敗が完全に決した後なのです。動いたといっても東軍に攻撃を仕掛けたのではありません。自軍の負けが決まった戦場から退却するために動いたのです。

勝敗が決したということは、戦場に残っているのは敵兵ばかりだということです。そんな中を、島津隊は「捨て奸」と呼ばれる壮絶な戦法で島津義弘を逃がしきります。これが世に言う「島津の退き口」です。

捨て奸とは、退却する際に敵兵を足止めするために少数の兵をその場に残し、残った兵は死ぬまで戦い、それが全滅するとまた少数の兵を残し、敵を足止めするということをくり返し、大将を逃がすというまさに身を切る戦法です。

敵を足止めする兵は、文字通り決死隊なのでその戦いぶりは凄まじく、島津を追撃した東軍の武将の多くが命を落としています。

それにしても、島津はなぜ敗戦が決まるまで戦おうとしなかったのでしょう。そして、なぜこのような過激な退却をしたのでしょう。

実は島津義弘は当初、徳川方（東軍）につこうとして伏見城へ行っているのですが、兵力が一六〇〇と少数だった上、それまでなんの根回しもしていなかったため徳川方に信用してもらえず、仕方なく西軍に身を寄せたという経緯がありました。

当時の島津は、その気になれば三万くらいの兵を準備することも不可能ではなかったのですが、島津本国にいる義弘の兄・義久が中央政権との関わりをできるだけ持たないという方針だったこともあり、**情報不足からギリギリまで大争乱になるとは夢にも思っておらず、他国の大名たちのように兵力を準備できなかった**のです。兵を本国から呼び寄せるには、そのための大きな理由が必要であり、それなりの時間と経費もかかります。

大国薩摩でありながら、島津義弘が関ヶ原にわずか一六〇〇の兵力しか持って行かなかったのはこのためです。一六〇〇という兵力は、敵の大軍相手には大将を守るだけで精一杯、最低限の勢力です。

情報不足だったとはいえ、島津義弘はこの戦いは徳川の方が勝つと読んでいました。だからこそ伏見城へ行ったのですが、受け入れてもらえずやむを得ず西軍につきました。

やむを得ずだったとはいえ、西軍に味方した以上、薩摩は西軍の勝利を望んだはずです。それなのに、なぜ動かなかったのでしょう。

これには西軍を差配（さはい）した三成の人柄が災（わざわ）いしていました。

既に述べたように、石田三成という人は、軍人としては評判がすこぶる悪いのです。にもかかわらず三成は、あれこれ口を出すのをやめられませんでした。しかもその言い方というのが、親友の大谷吉継も言っているように「すこぶる横柄」なのです。そのため、三成自身に悪気はないのかも知れませんが、いつも人の反感を買ってしまうのです。

はっきり言うと、薩摩の島津義弘も、こうした三成の態度にへそを曲げたのでしょう。

島津の兵はわずか一六〇〇でしたが、その力は他国の兵の三倍にも四倍にも匹敵するという定評もあり、義弘自身も自軍にプライドを持っていました。そこで義弘も当初は夜襲を進言したりしていたのですが、三成に悉（ことごと）く却下されてしまったのです。同じ却下されるのでも、これが他の人間、たとえば黒田官兵衛などに言われたのであればまだしも、「あの石田三成に、忍城すら落とせなかった、軍事では素人の三成に」却下されたのです。

しかも三成の横柄な態度に、義弘はバカにされたと感じました。これでは島津軍の大将としての面目が立ちません。

西軍についたことを後悔した義弘ですが、そこは誇り高き薩摩武士です。ここで逃げて「臆病風に吹かれた」と言われるのは、もっと耐えられません。

つまり、石田三成のために戦うのは絶対に嫌だし、かといってここまで来て逃げ出すこともできない。その結果、三成が再三送ってくる「参戦してくれ」という使者を無視して、戦場の後方で動かずにいることを選択したのでしょう。

西軍の負けが決すると、それまで微動だにしなかった島津隊が動きます。それは第一に、薩摩の武勇を示すため、そしてすでに東軍と西軍の軍勢で塞がれている北国街道と中山道ではなく、残る伊勢街道に行くため、敢えて敵陣の真ん中を突破するという方法で退却し始めたのです。

東軍にしてみれば、陣のど真ん中を突破しようとする敵軍を討ち漏らすというのは恥ですから、「島津義弘逃すまじ」と、もの凄い勢いで井伊直政隊が追撃しました。

薩摩の兵はわずか一六〇〇で襲い来る敵兵と戦い、島津義弘を見事に逃がしきります。しかしその代償は大きく、最終的に本国薩摩にたどり着いた兵は島津義弘の他、わずか八〇人ほどだったと言います。

島津隊が逃げ切った午後二時半、関ヶ原の戦いは東軍の圧勝で終わりました。わずか六時間半の戦いでした。

◇毛利輝元の大坂城開城で決まった家康の天下

関ヶ原で敗退した石田三成は、六日間近江の山中を逃げ回った末、九月二十一日に捕まります。その後三成は京都に護送され、十月一日に六条河原（ろくじょうがわら）で首を斬られています。

三成が、負ける際の対処を間違えたことはすでにお話ししました。しかし、三成が大坂城に戻れなくても、大坂城にはまだ総大将の毛利輝元がいました。毛利の本隊も戦っていないので無傷です。さらに大津で京極高次に足止めされ、関ヶ原の戦いに間に合わなかった最強部隊、立花宗茂の軍も大坂城に入っていました。しかも輝元が秀頼とともにいるのは、城攻めの天才・秀吉が心血を注いでつくり上げた難攻不落の巨城「大坂城」なのです。

つまり、毛利輝元は戦おうと思えば、充分戦える状況にあったのです。

では、なぜ輝元は戦わなかったのでしょう。

実はこれこそタヌキ親父・家康の面目躍如と言えるのですが、吉川広家を通していち早く、輝元のところに「毛利の本領は安堵する」という家康の請書が届いていたのです。

広家が家康から「毛利の本軍が動かなければ、毛利の本領は安堵する」という請書をもらったのが関ヶ原の戦いの前日の九月十四日。そこから大坂城まで丸一日はかかるので、輝元がその請書を受け取ったのは十五日のことだと考えられます。悩む輝元のもとには、関ヶ原での西軍敗北の知らせと、三成の居城・佐和山城が落ちたという知らせが次々と届きました。

毛利輝元は、これらの知らせをどのように受け取ったのでしょうか。

私は、喜んだのだと思います。

意外に感じる方も多いと思いますが、輝元は間違いなく喜んだと思います。

おだてられて西軍の総大将になったものの、なってみれば西軍内部はまとまりがなく、城内にも悪い噂が蔓延している。案の定、関ヶ原では負け、三成の城は落ちた。でも、吉川広家と小早川秀秋がうまく立ち回ってくれたおかげで、毛利は兵も失わず、本領も安堵される。

心底「ほっとした」というのが、輝元の本心だったと私は思います。その証拠に、輝元はあっさりと大坂城を秀頼ごと家康に明け渡しています。

おそらく家康は、優しい語り口で「あなたが西軍の総大将になったのは、三成に騙されたのでしょう。あなたのことは許しますし、本領も安堵しますから、安心して大坂城から出てきてください」とでも言ったのでしょう。

本多忠勝と井伊直政が、家康は毛利家の領地を安堵する意向であるとの文書を出してきたことも効果があったと思います。輝元は完全に家康を信頼してしまったのですが、ここに罠があったのです。

このとき、もし小早川隆景が生きていたら、「そんな甘言（かんげん）を信じてはいけない」と止めたと思うのですが、輝元はその口約束的なことを信じて大坂城を出てしまいました。

後日、出てきた輝元に対し家康は、容赦なく「毛利の本国一二〇万石は没収する。嫌なら戦え」と言い渡したのです。

大坂城も秀頼も手放した輝元に、もはや家康に対抗する力はありませんでした。

それでも毛利本家がこのとき完全に潰されなかったのは、吉川広家のおかげでした。

家康は当初、吉川広家に感謝し、「毛利本家は潰すが、お前は三〇万石の大名にしてやろう」と言ったのですが、吉川広家はこれを断りました。そして、「自分は領地は要（い）らないので、なにとぞ毛利本家を残してください」と懇願したのです。

家康は毛利を潰したかったのですが、吉川広家がどうしてもと言うので、広家に岩国一〇万石を与え、所領を召し上げた毛利輝元には周防・長門（いずれも山口県）の二カ国三六万石を与えました。こうして毛利本家は、広家のおかげでかろうじて取り潰しを免れたのです。

◇「関ヶ原」は江戸幕府滅亡に繋がっている

家康は、毛利から西国一〇カ国一二〇万石を取り上げて、周防・長門三六万石に押し込めた上、本来なら城を築く場所である周防・長門の中心、山口に城を築くことも禁じました。そのため毛利は、長門の中でも日本海側に位置する萩に城を建てざるを得なくなります。

萩は美しい街ですが、今でも交通の便はそれほど良くありません。要するに、**毛利は不便な場所に押し込められた**のです。

江戸時代、長門国に首府があることから長州藩と名乗るようになりますが、実は「萩藩」が正式名称なのです。

それまで一二〇万石あったものが三六万石に減らされたわけですから、当然ながら毛利の人々は苦しい生活を余儀なくされます。

多くの人は、たとえ四分の一に領地が減らされても家は潰されなかったのだから、長州の人々は幕府に感謝したのではないか、と言いますが、実は逆なのです。

人間の心理というのは不思議なもので、四分の一に減らされるよりも、いっそゼロにされた方がまだ諦めがつくのです。

石高が四分の一になったということは、たとえば、家老で八〇〇石もらっていた人は二〇〇石になり、二〇〇石しかもらっていなかった人は五〇石になったということです。五〇石ならまだ生きていけますが、四〇石しかもらっていなかった人は一〇石ですから、かなり大変です。そして、さらに低い身分の人たちは、「もう、侍としての給料をやれない」と言われ、士分すらも失うことになってしまうのです。

するとどうなるでしょう。

「関ヶ原以前、うちは広島で八〇〇石もらって豊かに暮らしていた。それがいまや二〇〇石で、こんな貧しい暮らしを強いられてる。しかも城も山口につくることは許されず、不便な生活をしなければならない。我々がこんな苦しい生活をしているのは誰のせいだ。あのタヌキジジイ家康のせいだ」というかたちで、幕府に対する恨みが積み重なっていくことになるのです。

司馬遼太郎は「恨みは世襲する」という言い方をしていますが、こうした関ヶ原以来の恨みつらみは、日々の食卓で親から子へ、子から孫へと語り継がれていきました。

冷静に考えれば、必ずしも家康だけが悪いのではなく、そのタヌキジジイにあっさり騙されてしまった凡庸な君主・毛利輝元が悪いのですが、さすがに初代萩藩藩主を家臣が悪くは言えないので、すべては「家康が悪い」というところに帰結していくことになったのです。

そして、実は**この関ヶ原以来の世襲されてきた恨みが、幕末における長州の、討幕へのエネルギーに繋がっていった**のです。

長州とは少し事情が違うのですが、やはり同じように「関ヶ原の恨み」を抱えたのが、薩摩でした。

多くの犠牲を払った島津家は、すぐに家康の襲撃に備え、薩摩国一国すべてを城塞化し、「来るなら来い、受けて立つ」という姿勢を示しました。

しかし、家康はすぐに薩摩を追うようなことはしませんでした。薩摩の奇跡的な関ヶ原脱出は、家康に「薩摩恐るべし」という印象を残していたのだと思います。確かに、ここで十数万の兵力を送れば薩摩を潰すことは可能かも知れません。しかし、天下を取ったとはいえ、今はまだ秀頼が大坂城とともに健在で、政権は盤石ではありません。そのようなときに「あの薩摩」と戦って戦が長引きでもしたら面倒なことになってしまいます。そう考えたであろう家康は、薩摩を攻めることなく、本領を安堵します。

家康にしてみれば、これは妥協でした。

本領を安堵されたのなら問題はないじゃないかと思うかも知れませんが、やはり島津家としては、敵中突破のときにさんざん叩かれたという恨みは忘れられないものでした。

実際薩摩では、毎年、島津義弘がたった一六〇〇の軍勢で関ヶ原を敵中突破した日を記念する行事を行ってきました。

それはどのような行事かというと、島津家に仕える若侍が甲冑に身を固め、城から義弘の墓がある妙円寺までの約二〇キロメートルの距離を往復するというものです。

現在は十月第四週の土日に変わり、甲冑も段ボール製など軽いものを身につける人や、甲冑を着ずに参加する人も増えていますが、この祭りは今も薩摩の人々に受け継がれています。

ちなみに義弘の菩提寺・妙円寺は、明治の廃仏毀釈の際に廃寺になり、現在は島津義弘公を祭神として祀る徳重神社となっていますが、祭りの名前だけは今も「妙円寺詣り」が用いられています。

また薩摩は関ヶ原を教訓に、その後、自らの情報収集能力の強化に大変な力を注ぎました。そして、それが活きたのが、やはり幕末だったのです。

事実、幕末の薩摩藩というのは、もの凄く抜け目のない動きをしています。長州と違い、薩摩はコロコロと立場を変えながら、常に勝ち組に乗っているのです。最初は会津と組んで長州を討ち、情勢が変わったと見るや否や、今度は長州と手を結んで、会津を討っています。

なぜ幕末の薩摩がこれほどまでに謀略と諜報に長けていたのかというと、やはり関ヶ原の教訓を活かしたとしか考えられません。まさに「リメンバー関ヶ原」「チェスト関ヶ原」とも言うべき恨みを持ち続けたことが、幕末の薩摩藩の快進撃に繋がっているのです。

そういう意味では、**世襲され続けた関ヶ原の恨みが、約二百七十年の時を経て、ついに家康がつくり上げた江戸幕府を倒した**とも言えるのです。関ヶ原の恨みは、それほどまでに深いものだったのです。

秀吉が家康を潰せなかったことが豊臣家滅亡に繋がったように、家康が毛利と島津を潰せなかったことが江戸幕府滅亡に繋がったのです。秀吉にしても家康にしても、やはりライバルを徹底的に潰さなかったのが、大失敗なのです。

第四章のまとめ

- 秀吉の正室・ねねは、秀吉のつくり上げた政権の後継者として秀頼より家康を支持したということです。
- 秀吉が打った家康対策、最大の手は「唐入り」です。これは失業対策だったと言いましたが、同時に家康封じでもあったのです。
- 「天下分け目の合戦」というものは、天下を分けるほどの大戦であるからこそ、そう簡単に決着がつくものではないというのが当時の常識でした。
- 大津城の戦いは、関ヶ原の戦いの前哨戦の一つとされ、あまり注目されてきませんでしたが、実は勝敗を左右するとても大きな意味を持つ戦いだったのです。
- 当然あったはずの関ヶ原の戦い後の第二ラウンド、第三ラウンドがなかったのはなぜなのでしょう。一言で言えば、「石田三成の武将としての経験不足」です。
- 世襲され続けた関ヶ原の恨みが、約二百七十年の時を経て、ついに家康がつくり上げた江戸幕府を倒したとも言えるのです。

第五章

「謀略の天才」家康の天下統一の謎

三英傑が目指した「天下人」とは？

◇家康の権威づけは秀吉の真似

関ヶ原がたった一日で決着がついたのは、徳川家康にとって幸運なことでした。もし、毛利輝元が家康と徹底的に天下を争う気持ちでいたら、天下分け目の戦いは、黒田官兵衛（如水）が予想していたようにかなり長引いていたことでしょう。しかし、毛利輝元の愚かな決断のおかげで、ついに戦国時代に終止符が打たれました。まだこの後に大坂冬の陣、夏の陣がありますが、それはもう付録のようなもので、**家康の天下は関ヶ原での勝利と大坂城開城が決した時点で、ほぼ確定した**と言っていいと思います。

織田信長が始め、豊臣秀吉が引き継いだ日本の天下統一が、最終的に徳川家康によって完成されたのです。

このことを題材とした江戸時代の狂歌があります。

「織田がつき　羽柴がこねし　天下餅　座りしままに　食ふは徳川」

手にした天下を固めるというのは、単に武力が強いというだけでできることではありません。ですから、実際に家康がやったことは「座りしまま」と言われるほど簡単なことではありませんでしたが、信長、秀吉という二人の先駆者がいてこそ成し得た、日本の統一だったということは事実でしょう。

関ヶ原の戦いに勝った時点で家康は実質的には天下人になったと言えますが、**完全な天下人になるためには、まだ「権威づけ」という課題が残っていました。**

この時点の家康は、身分的に言うと豊臣家の大老の筆頭、つまり豊臣家の家臣だったからです。家康は、この「豊臣家大老の資格」を以て、上杉討伐を行い、関ヶ原を戦っていたわけです。石田三成ら西軍の者たちを処刑・処分する際の大義名分も、あくまでも「秀頼の地位を危うくする逆賊」でした。本当は石田三成の方が秀頼のことを考えていたのですが、そこら辺は勝てば官軍、なんとでも言えます。

しかし、このままでは家康が豊臣家の家臣であるという地位は変わりません。そこで彼は自らの「権威づけ」をしていくのですが、そのやり方は秀吉がやったことの、まったくの真似でした。

この時点での家康の立場は、確かにかつての秀吉の立場とよく似ています。

秀吉は、本能寺の変で信長が殺されたとき、織田家の家臣でした。そして、その家臣の立場で明智光秀を討った後、あくまでも「織田家をお守りするため」という大義名分で、清洲会議では信長の嫡孫・三法師を立て、次に本当に織田家のことを思っている柴田勝家を滅ぼし、信長の次男・信雄の命であるという建前のもと、信長の優秀な三男・信孝を切腹に追いやりました。

ここで孫の三法師に天下を返していれば、秀吉は言葉通り織田家の大忠臣ということになるのですが、もちろん秀吉にそんな気は毛頭ありませんでした。

これは家康も同じです。「秀頼のために」「豊臣家のために」と口では言っていますが、豊臣家の天下を守っていこうなどという気はさらさらありません。

秀吉が名実ともに天下人になるためには、自らを権威づけすることが必要でした。そこで利用したのが外部の権威、つまり天皇家でした。

秀吉の場合は、幸運にもこのとき関白の地位をめぐる争いが起きたので、それを利用して、まんまと関白の座を手に入れました。これによって織田家の中では家臣でも、より公的な立場では天皇に次ぐ立場となったので、たとえ信長の孫であっても秀吉に頭を下げなければならなくなったのです。**秀吉はこの関白という権威を以て織田家の天下を乗っ取りました。**

家康はその一部始終を見ていました。そして、それとほぼ同じやり方で豊臣家の家臣という立場を抜け出し、天下人としての権威を確立したのです。

唯一違ったのは、**家康は「関白」ではなく、鎌倉幕府以来の伝統、武家の棟梁の立場である「征夷大将軍」になる道を選んだ**ということです。

征夷大将軍は天皇が任じる役職で、朝廷が認めたすべての武士のトップです。天皇が武家の棟梁であると認めたということですから、豊臣家の中では秀頼の方が上でも、公的には家康の方が立場は上になります。秀頼は単なる大名の一人に過ぎず、大名は征夷大将軍に従わなければならないからです。それを無視することは天皇を無視することになるので、日本では許されません。

家康も、秀吉が朝廷に工作して関白になったのと同じように、朝廷に工作して征夷大将軍にしてもらいました。これが、慶長八年（一六〇三）、関ヶ原の戦いの三年後のことです。

もう一つ、家康が秀吉と違っていたのは、その将軍の位をわずか二年で息子の秀忠に譲っているということです。

これには大きな意味がありました。

つまり、**家康は将軍の位を秀忠に譲ることで、徳川家康という個人が臨時に征夷大将軍に任命されたのではなく、その地位は、徳川家が代々世襲していくということを天下に示した**のです。

つまり、秀頼がなんと言おうと、この将軍位の世襲で、武士のトップである征夷大将軍の位は徳川家のものになってしまったのです。

◇立場の逆転を認められなかった淀殿(よどの)のプライド

関ヶ原の戦い以前、徳川家康の領地は約二五〇万石。それが関ヶ原の戦いの後は四〇〇万石にまで増大しています。

関ヶ原の戦いで西軍についた大名の多くが減封(げんぽう)、あるいは領地をすべて没収されています。

・すべて没収された大名

宇喜多秀家(うきたひでいえ)	備前(びぜん)	五七万石
長宗我部盛親(ちょうそかべもりちか)	土佐(とさ)	二二万石
増田長盛(ましたながもり)	大和(やまと)	二〇万石
小西行長(こにしゆきなが)	南肥後(ひご)	二〇万石
石田三成	東近江(おうみ)	一九万石

・一部没収された大名

毛利輝元　一二〇万石　↓　三六万石　(八四万石減)

上杉景勝（かげかつ）　一二〇万石　→　三〇万石　（九〇万石減）
佐竹義宣（さたけよしのぶ）　五四万石　→　二〇万石　（三四万石減）

さらに家康は、全国各地にあった豊臣家の直轄地（ちょっかつち）の多くも召し上げています。

こうして関ヶ原の後始末で家康が没収した総領地はなんと七八〇万石にも及んでいます。もちろんそのすべてを家康が手にしたのではなく、東軍の功労者に気前よく与えているのですが、徳川家自身も四〇〇万石に石高（こくだか）を増やしています。

石高だけで見ると、家康の取り分は一五〇万石程度ですが、このとき家康は、実に彼らしい巧妙な方法で石高以上のものを得ています。というのは、接収した領地のうちでも西軍に走った大名から召し上げた土地は、ほとんどそのまま味方してくれた大名たちに恩賞として与えるという気前の良さを見せつつ、自分はちゃっかり豊臣の直轄地を取っているのです。

なぜ豊臣の直轄地を選んだのかというと、**そこには金山・銀山や貿易港など、石高には反映されない「金の卵」が含まれているから**でした。

豊臣家の手元に残ったのは、大坂城周辺の領地約六五万石。秀吉の最盛期は約五〇〇万石規模ですから、豊臣家はこの時点で約一〇分の一にまで領地を減らされてしまったことになります。つまり、両者の力関係は、この時点で完全に逆転してしまったのです。

軍事力は言うまでもなく経済上も圧倒的な差ができ、身分上でも、家康が征夷大将軍になったことで、公的には秀頼の身分を超えてしまいました。

秀頼は、何一つ家康に勝るもののない、六五万石の一大名に落ちてしまいました。

しかし淀殿（茶々）は、そうした現実を認めることができませんでした。

無理もありません。淀殿にしてみれば、領地がかつての一〇分の一になったと言われても、それを実感するようなことは何もなかったからです。大坂城は無傷のまま残っているし、城から見渡す限りの土地は今も自分のものです。おそらく、日々の生活も何一つ変わることはなかったでしょう。

それに、実はこれがとても大きいのですが、大坂城には秀吉が貿易などで蓄えた、莫大な財産がありました。たとえ収入が途絶えても、それだけでいくらでも贅沢な暮らしができました。ですから、**淀殿にとってみれば、関ヶ原で負けたからといって、豊臣家が弱くなったという意識はまるでなかった**のです。

それでも徳川の世で豊臣家が生き残っていくためには、ここで現実を認め、徳川に臣従を誓っておくしかなかったのです。前田利長・まつ親子がかつてしたように、風向きが変わった時点でさっさと頭を下げていればよかったのです。そうすれば、豊臣家は一大名としてではありますが、存続した可能性は高かったと思います。

しかし、淀殿のプライドがそれを許しませんでした。彼女は子供の頃から家康が秀吉に服従していたのを見ていたので、どうしても「あれは、うちの家来だ」という感覚が抜けなかったのだと思います。

でも、それが豊臣家の不幸の元凶でした。

私たちは、家康が淀殿・秀頼親子を殺し、秀頼の幼い息子まで処刑し、豊臣家を根絶やしにしたという歴史の結果を知っています。そのため家康は何があっても豊臣家の存続を許さなかったのではないかと思いがちですが、それは違うと思います。

家康は、本当は豊臣家を残したかったのだと私は思っています。

なぜなら、家康はやろうと思えばもっと早くできたにもかかわらず、関ヶ原の戦いの後、十五年間も豊臣家を滅ぼしていないからです。

家康は「狸オヤジ」とも称されるかなりの強か(したた)者です。しかし、大恩ある織田家をあっという間に乗っ取った秀吉ほどの悪辣(あくらつ)さはありません。それだけに、いまわの際(きわ)に秀吉に涙ながらに「秀頼を頼む」と言われたことが心に引っかかり、できれば殺すことは避けたいと思っていたのではないでしょうか。

家康が望んでいたのは、前田家や毛利家のように、豊臣家が完全に徳川家に臣従する姿勢を見せることでした。

しかし、くり返しますが、淀殿のプライドがそれを許しませんでした。

家康は、できる限り待ったのだと思います。しかし、待つのには限界がありました。

さすがの家康にも寿命はあります。家康が死んだ後に、やはり本当の天下人は豊臣家だなどと言われて反乱が起きることだけは絶対に防がなくてはなりません。

勉強家で歴史書を数多く読んでいた家康は、平清盛が情にほだされて頼朝と義経の一命を助けてしまったことが、後に平家一門の滅亡に繋がったことを知っていたことでしょう。だからこそ、完全に服従すればいいが、服従しないのであれば、反乱の芽を摘むために豊臣家を根絶やしにしなければならなかったのです。

◇使っても使い切れなかった豊臣の財産

できれば豊臣家を根絶やしにしたくはなかった家康が最初にやったのは、領地の没収でした。しかし、六五万石に領地を減らされても、淀殿のプライドは微塵も揺らぎません。

そこで次に家康が行ったのが、豊臣家が持つ有り余る莫大な財産を使わせることでした。お金がなくなれば、淀殿も考えを変えるかも知れないと思ったのでしょう。

当時の秀頼の領地は六五万石しかありませんが、先ほども述べたとおり、大坂城にはそれを補って余りある莫大な金銀が蓄えられていました。家康はそれを使わせるために、秀頼に京・大坂の寺院の再建を勧めます。

度重なる戦乱で、京や大坂の街は荒れ果てていました。しかし、寺院の復興というのは、本来なら国がやるべき大事業です。この場合なら、徳川政権がやるべき仕事だということです。それを家康は「太閤殿下のご追悼のためにぜひ」と言葉巧みに勧めて、豊臣家にやらせたのです。

政権がやるべき仕事を「豊臣家がやるべき仕事」とされたのですから、淀殿にしてみれば悪い気がしません。ましてや「太閤殿下の供養のため」と言われ、すっかりその気になってしまいました。

現在も京都や大阪に行くと、一度戦乱で焼けてしまったけれど秀頼のおかげで復興したという寺院がものすごくたくさんあります。たとえば、滋賀県の琵琶湖の北部に浮かぶ竹生島に宝厳寺というお寺があります。この寺の唐門は現在国宝になっていますが、それは秀頼が伽藍とともに再建したものです。

このとき秀頼が寺院の再興に使った金額はざっと見積もっても、今の金額で何十億円もの大金になると言われています。その中でも最も大きな金額が費やされたのが、京都の方広寺でした。

方広寺というのは、かつて秀吉が大仏を安置した寺です。

秀吉は、ここに奈良の大仏よりも大きな大仏をつくると宣言して、木造ではありますが、実際に奈良の大仏より巨大な大仏をつくりました。それを囲む大仏殿も、当然ですが奈良の東大寺の大仏殿より巨大なものでした。その資材として全国から巨木が集められたのですが、その中には屋久杉もあったと言われています。

屋久杉というのは、鹿児島県の屋久島に存在する杉の古木で、中には樹齢二千年を超える巨大なものも存在しています。

その屋久杉の中に、周囲一三・八メートル、切り口が四畳半ほどの広さを持つ切り株が見つかっています。それは、発見した人の名前を冠して「ウィルソン株」と呼ばれているものですが、このウィルソン株はなんのために伐採されたのかというと、どうも方広寺の大仏殿の資材として使われたらしいのです（大坂城に使われたという説もあります）。

しかし方広寺の大仏は、文禄五年（一五九六）に起きた大地震で倒壊してしまいます。

このとき大仏殿はかろうじて倒壊を免れたこともあり、家康は、壊れてしまった大仏の再建を言葉巧みに秀頼に勧めたのです。

それを受けた秀頼は、なぜか秀吉でさえ諦めた金銅仏での再建を試みます。当然ですが、木造仏より金銅仏の方がはるかに費用がかさみます。

鋳物には高温で溶かした銅が用いられます。木造の大仏殿の中でつくることに無理があったのか、鋳物師の不注意だったのか、この大仏は建造途中の失火により焼失してしまいます。

今「失火」と申し上げましたが、実は私はこれは徳川方による放火だったのではないかと思っています。しかし秀頼は、それでも諦めることなくもう一度、今度はゼロから大仏と大仏殿の再建に着手します。

こうして寺院の復興・再建に豊臣家はかなりのお金を使いますが、それでも豊臣家の財力が尽きることはありませんでした。

何しろ豊臣家はこの後、大坂冬の陣、夏の陣で一〇万人もの浪人を集め、彼らにかなりの金子を支払っているにもかかわらず、大坂城落城時にもまだ秀吉の遺産が残っていたというのですから、秀吉がいかに莫大な遺産を秀頼に残したのかが、おわかりいただけるのではないでしょうか。

ゼロからやり直した方広寺の大仏と大仏殿は、慶長十七年（一六一二）にほぼ完成し、その二年後の慶長十九年（一六一四）には新たに鋳造した日本一の大梵鐘も完成し、いよいよ落慶法要というとき、あの事件が起きたのでした。

◇方広寺鐘銘事件は家康の我慢の限界だった!?

苦労の末にやっとこぎ着けた方広寺の落慶法要の直前、突然、家康が待ったをかけてきました。秀頼が記念につくった日本最大の梵鐘の銘に問題があるとして、落慶法要を中止するように言ってきたのです。その問題とは、第三章でも少し触れましたが、「国家安康」「君臣豊楽」という銘が家康を呪っているというものでした。「突然」と言ったのは、豊臣家はこの鐘に刻む文章を、事前に徳川家に報告していたからです。そのときは何も言ってこなかったので、安心して鐘に刻み込んだところ、出来上がったものを見て、「これはけしからん」と言ってきたのですから、豊臣家としては納得できるものではありません。

なぜ、家康はこのようなあからさまな言いがかりをつけてきたのでしょう。

私は、家康の我慢が限界に達したからではないかと考えています。

このとき家康の年齢は、かぞえ年で七十三歳。当時としてはかなりの高齢です。それだけに家康は、自分の命はもうあまり長くない、早く豊臣家の問題を解決しておかないとまずいことになる、と思ったのだと思います。実際、家康はこの二年後に豊臣家の滅亡を見届けてから、亡くなっています。

方広寺大仏殿の大梵鐘と鐘銘（京都市）。家康は、鐘銘中の「国家安康」が家康の名を２つに割いて徳川家を呪詛し、「君臣豊楽」が豊臣家の繁栄を祈願していると非難した（鐘銘事件）。

関ヶ原の戦い以降、家康は寺院の復興の他にも、豊臣家を屈服させるためにさまざまな手を打ってきました。しかし淀殿は一向に屈服しようとはしません。このままでは豊臣家を滅ぼさなければならなくなります。

こうした豊臣家と家康の関係を誰よりも心配していたのが豊臣恩顧の大名・加藤清正でした。清正は関ヶ原の戦いで東軍についたため、二五万石の加増を受け、五四万石の大名になっていました。

関ヶ原の戦い以降、家康は江戸を守るための城を外様大名につくらせ、彼らの財力を消耗させるということをしています。加藤清正も家康の九男・徳川義直の入る名古屋城の築城を命じられています。

清正が名古屋城築城を命じられたのは、慶長十五年（一六一〇）。名古屋城を建てる目的が屈服しようとしない豊臣家との戦いを想定したものであることは、清正もわかっていました。それでも清正は、徳川家に逆心がないことを示すために、喜んでこれを引き受け、他の外様大名以上に経費を使ってみせています。

家康は関ヶ原の戦い後、次々に城を改築・築城しています。江戸城をはじめ、名古屋城、姫路城、駿府城など、豊臣恩顧の大名に命じた「天下普請」によって巨大な城郭を築きます。豊臣恩顧の大名の財力を削ぎ落とすことや軍事的な意味合いもあったのでしょうが、豊臣家に対する忠誠心を失わせ、徳川体制がいかに強固かを思い知らせるという心理効果もあったと思います。姫路城は西国大名たちが大坂や江戸にのぼる途中に築かれています。姫路城は西国大名たちの大坂城への援軍を食い止めるという役割とともに、巨大な城郭を見ることによって、徳川家と戦う意欲をなくさせる心理効果がありました。その心理効果は絶大だったはずです。「天下普請」として巨大な城郭を築くという家康の巧みな戦略が、のちの大坂の陣において、豊臣家を助けようとする豊臣恩顧の大名たちがいなくなってしまったことにも繋がったのだと思います。

名古屋城築城の指揮にあたった加藤清正は、藤堂高虎(とうどうたかとら)と並ぶ戦国の築城名人で、特に精巧な石垣は誰にも真似できない見事なものとして、彼のつくる城の特徴となっていました。実際、徳川のためにつくった名古屋城の石垣はとても見事なものです。名古屋城は太平洋戦争のときに燃えてしまったので、現在の天守閣(てんしゅかく)は再建ですが、石垣は清正がつくった当時のままです。

しかし、その名古屋城の石垣よりもさらに見事なのが、清正が自領に建てた熊本城の石垣です。熊本城は、明治十年（一八七七）の西南戦争で焼け落ちてしまいましたが、石垣は平成二十八年（二〇一六）の熊本地震で崩れるまでほぼ完璧な姿で残っていました。

熊本城は、城づくり名人である清正が、豊臣家が存続の危機に瀕(ひん)したときに、秀頼を迎えて、十数万の大軍を相手に戦うことを想定してつくったであろう天下無双の城です。

万が一に備え、秀頼のために天下無双の城をつくり上げた清正ですが、それはあくまでも最後の備えであって、そうならないように徳川と豊臣の間に入って奮闘してきました。

家康はこれまでにも、自分が京に出た際には、秀頼にも上洛して挨拶するよう、何度も求めていました。しかし、その度に淀殿が頑強に拒み、秀頼を大坂城から出さなかったのです。

その淀殿を清正は浅野幸長(秀吉の義弟・浅野長政の嫡男)とともに必死に説得し、最後にはねね(高台院)に口添えしてもらい、ついに秀頼と家康の会見を実現させました。

二人の会見は、慶長十六年(一六一一)三月二十八日、京都の二条城で行われました。秀頼のそばには加藤清正がピッタリと寄り添い、もし秀頼に危害を加えようとする動きがあれば、家康と刺し違えてでも秀頼を守る覚悟でした。

家康がこれ以前に秀頼と会ったのは、慶長八年(一六〇三)のことでした。当時まだ子供だった秀頼は、かぞえ十九歳の立派な青年に成長していました。

幸い会見は滞りなく済みましたが、その直後、不幸が起きました。領国の肥後(熊本県）に帰国する途中で、清正が病（やまい）に倒れ、亡くなってしまったのです。享年五十。決して若いと言える年齢ではありませんが、不審な匂いのする急死でした。

この清正の急死については、当時から、「二条城で毒まんじゅうを食わされたのだ」と、家康による毒殺の噂（うわさ）がささやかれましたが、真偽の程はわかりません。言えるのは、**もし清正がもっと長生きしていたら、豊臣家が再び政権を握ることは無理でも、豊臣家の滅亡は防ぐことができたかも知れない**ということです。

というのも、秀頼は二条城の会見の際、家康が対等に座ることを勧めたにもかかわらず、上座を家康に譲っているからです。淀殿はどうあれ、秀頼自身はある程度己の立場がわかっていたということです。

しかし清正の死から二年後、ともに家康との会見に奔走してくれた浅野幸長がかぞえ三十八歳の若さで亡くなると、秀頼の周りには家康との間を取り持ってくれる、力のある人はいなくなってしまいました。こうして秀頼は再び淀殿のもと、大坂城から一歩も出られなくなってしまったのです。

ですから方広寺の鐘銘事件は、確かに一方的な言いがかりであり、これが大坂冬の陣のきっかけとなったことも事実なのですが、もしかしたら、二条城での会見後、二度と大坂城から出て来ようとしない秀頼親子に対し、「もうこれ以上の我慢はできん。臣従するか戦うか、二つに一つを選べ」という家康の最後通告だったのかも知れないのです。

◇家康の二重外交で大坂方を分裂させる

慶長十九年（一六一四）当時、事前に確認していたはずの鐘銘に難癖をつけられ、一番驚いたのは豊臣家の家老の片桐且元でした。事前に報告していたのに、なぜ今になって言いがかりをつけてきたのか、疑問に思いながらも片桐且元は釈明に駿府に赴きます。すでに家康は将軍職を秀忠に譲り、江戸から駿府に居城を移していたからです。

しかし、家康は且元に面会を許さず、本多正信を通して要求だけ伝えました。家康の要求は二つに一つ、秀頼が大坂城を出て大和郡山城に移るか、淀殿を人質として江戸に出すか。本多正信は、「大御所はたいそうお怒りです」と脅すことも忘れませんでした。

必死に弁明しても、家康への取り次ぎを願っても、面会すら許してもらえない且元は、大坂に帰るに帰れず駿府での滞在が長引きました。

大坂では片桐且元が一向に戻って来ないことに業を煮やし、新たな使者を派遣することが決まりました。今度は、淀殿の側近である大蔵卿局が駿府に赴きます。

すると今度は家康本人が出てきて、にこやかに大蔵卿局を歓待したのです。

そして、「いやいや、これは何か行き違いがあったようだな。わしは何も言っとらんよ」と言ったのです。大蔵卿局はすっかり安心して、大坂に戻ると「たいしたことございません。家康殿は豊臣と事を構える気はありません」と淀殿に報告しました。

とうとう家康に会ってもらえなかった片桐且元が大坂に戻ったのは、大蔵卿局がすでに「問題ありません」と報告した後でしたから、片桐の立場はありません。いくら「家康殿はとても怒っています。ここは言われた条件を呑むしかありません」と言っても、淀殿には信じてもらえません。何しろ片桐且元は家康に会えなかったのに対し、大蔵卿局は直接会って話しているのです。

片桐且元は、そもそも加藤清正や福島正則（まさのり）と同じく「賤ヶ岳（しずがたけ）の七本槍」に数えられた、秀吉恩顧の大名です。武勇よりは作事（さくじ）（土木建設）が得意だったために大きな禄はもらっていませんでしたが、今の豊臣家にとっては経験豊富な貴重な人材でした。しかし、今回のことで且元は、徳川方に内通しているのではないかという疑いをかけられ失脚してしまいます。こうして**関ヶ原の戦い以降ただでさえ人材の少なかった大坂城は、貴重な人材を失うことになってしまった**のでした。

且元が大坂城を退去したという知らせを受けた家康は、ついに大坂攻めを決意し、諸大名に陣触れを出します。そして自ら軍勢を率いて二条城に入りました。大坂城に残っているのは、もはや石田三成よりもさらに若い経験の少ない者ばかりです。その中で重責を担ったのが、大蔵卿局の息子であり、淀殿の乳兄弟でもある大野治長でした。

彼は淀殿の乳兄弟だから出世したと言われていますが、確かに武将としても、官僚としても、豊臣家を担うには余りにも経験不足でした。もはや豊臣方につく大名は一人もなく、関ヶ原の戦いで所領を失った浪人たちを金で雇うしかありません。それでも大野治長は、徳川を二度にわたり破った真田昌幸の息子・信繁を引き入れるなど、彼なりの頑張りを見せてはいます。とはいえ、やはり淀殿を押さえてまで豊臣を仕切る力は彼にはありませんでした。

◇真田信繁は「幸村」と改名した

大坂冬の陣、夏の陣で最も活躍した人物と言えば、やはり真田信繁（幸村）でしょう。そこでここで、少し時間は逆行しますが、関ヶ原の戦い後の真田昌幸・信繁親子のことについて簡単に述べておきたいと思います。

真田昌幸・信繁親子は、関ヶ原の戦い後、本当なら首を斬られるところでした。し

真田信繁〈幸村〉（上田市立博物館蔵）

かし、東軍についていた昌幸の嫡男・信幸（信之）が家康に必死に助命を嘆願し、かろうじて死刑は免れることができました。

それでも真田昌幸は、家康にしてみれば本隊を足止めした許しがたい相手ですから、それなりの処分は免れません。領国は没収され、和歌山県は高野山の麓、九度山という小さな山に蟄居を命じられました。つまり、流罪になったということです。

流罪、蟄居といっても牢獄に入れられたわけではありません。九度山に屋敷を建てて住み、畑仕事などをしながら自由に過ごしていいのですが、九度山村から出ることは一歩たりとも許されない、というものでした。拘束はしないが、外には出るのは許されない、ということです。

もし関ヶ原の戦いの後、豊臣家が早々に徳川家に臣従していたら、真田親子もそのまま九度山の地でひっそりと終わったことでしょう。

しかし、豊臣は臣従しませんでした。それを知った昌幸は、いずれまた豊臣と徳川の戦いが起きる、そのときこそ自分たちの出番だと考え、その時が来るのを九度山で待ち続けました。でも、十五年という歳月は昌幸には長すぎました。その時が来るのを待ちながら、慶長十六年（一六一一）、昌幸はかぞえ六十五歳で亡くなります。

九度山の信繁のもとに大坂城から使者が来たのは、昌幸の死の三年後、慶長十九年（一六一四）のことでした。信繁はこれを受け、徳川の見張りの目を盗み、九度山を脱出、嫡男・幸昌（ゆきまさ）（大助）や家族、家臣らとともに大坂城に入りました。

真田信繁は、「真田幸村」として知られる人物です。

学界では、幸村という名が使われた正式な文書が残っていないことや、最初にその名が用いられたのが江戸時代の軍記物であったことなどから、信繁が「幸村」と名乗った事実はないとしていますが、**私は彼が「幸村」を名乗った可能性は高い**と考えています。

なぜかというと、彼の信繁という名前は、ある特別な思いが込められたものだったからです。

彼の本名「信繁」は、父・昌幸が武田信玄の弟・武田信繁にあやかって付けた名前でした。

真田昌幸という人は、実は真田家の三男坊で家を継げる立場ではなかったため、武田信玄のもとで近習（きんじゅう）として育てられました。武田信玄は、自分の家臣の息子のうち、家督（かとく）を継ぐ資格はないが優秀な次男、三男を手元に置いて教育するということをしていたのです。そのとき昌幸は、こいつはなかなか優秀だと信玄に目をかけられ、信玄の母方の支族である武藤という家を継ぐことになったのです。後に二人の兄が長篠（ながしの）の戦いで亡くなったため、真田の家督を相続しましたが、こうした経緯から、昌幸という人は信玄に心酔していました。その信玄の弟が信繁です。

武田信繁という人は、実は川中島の合戦のときに、信玄の身代わりになって死んだらしいのです。弟だから、実の兄を助けるのは当然だと思うかも知れませんが、当時の常識はそうではありませんでした。事実、織田信長は実の弟（同母弟）を殺していますし、伊達政宗も同じく同母弟を殺しています。

そうした中でこの信繁という人は、兄であり武田家当主である信玄を、身を挺して守ったのです。この武田信繁の生き方に感動した昌幸は、自分に次男ができたとき、「おまえも兄・信幸を支える、すばらしい弟になれ」という願いを込めて信繁と命名したらしいのです。

昌幸の願い通り、信幸と信繁は仲のいい兄弟として育ちました。しかし、戦国の紆余曲折の中、兄・信幸は徳川につき、信繁は豊臣につくという、敵対関係になってしまいました。それでも信幸は、関ヶ原の戦いのあと、必死に父と弟の助命嘆願をしているので、決して心底反目し合っていたわけではないと思います。

真田家は信幸が東軍についたおかげで、家督を守ることができましたが、徳川に臣従するにあたり、信幸は大切なものを捨てなければなりませんでした。

それは、昌幸がつけた「信幸」という名前でした。

実は真田家は代々嫡男に「幸」の字を付けるのが決まりでした。つまり、「幸」の字は真田家の嫡男の印なのです。**信幸は、父昌幸の跡取りである証とも言うべき**

「幸」の字を捨てることで、自分の父親である昌幸は徳川に逆らったけれど、自分は徳川に仕（つか）えるということを示したのです。そして、発音の同じ「信之」に名を改めました。

一方、父親の遺志を継いで徳川と戦う決意をした信繁は、それが兄との決定的な対立になることもわかっていました。兄と対立するということは、「兄を助けるように」という父親の思いに反することでもあります。

昔の人の考え方では、こういうときには絶対に改名しなければいけないのです。しかも兄は真田家伝来の「幸」の字を捨てています。**信繁が改名するにあたり、兄が捨てた「幸」の字を拾ったことは充分考えられます。**

字をいただく場合は、名前の上に付けるのが礼儀です。松平元康（まつだいらもとやす）（徳川家康）は、今川義元（よしもと）の「元」、上杉輝虎（てるとら）（謙信）は、第十三代将軍・足利義輝（あしかがよしてる）の「輝」をもらっています。そうすると信繁は「幸○」という名前にした可能性が非常に高いと考えられるのです。

ですから私は、**当時の人の考え方からいって、信繁が大坂に入城したのを機に、「信繁」という名前を捨て、「幸村」あるいは「幸○」という名に改めた**と確信しています。

幸村という名の実在を認めない学者は、大坂に入城した後も信繁という名で手紙を出しているのだから変えていないと主張します。確かにそういう手紙があることは事実ですが、それは姉に宛てた手紙なのです。改名の事実を知らない姉にいきなり改名後の「幸村」という名を使って手紙を出しても、もらった方は「えっ、誰?」ということになってしまいます。つまり、信繁の極めてプライベートな手紙なので、彼は相手がわかるように信繁という名を用いたのだと思います。

もし、これが公式な手紙や文書であれば、「真田幸村」あるいは「真田幸○」と記したはずです。おそらく、大坂方に登録した名前も、「幸」の字が用いられたものだったはずだと私は思っています。しかし、大坂城が焼けてしまったために、当時の大坂方の記録は何も残っていません。それでも、大坂方にゆかりのあったお寺かどこかに、何かしらの記録が残っており、いつか出てくるのではないかと、私は期待しています。

◇なぜ、真田丸で激闘が起きたのか

大野治長は、真田幸村（信繁）をスカウトすることには成功しましたが、幸村を総大将にすることまではできませんでした。真田幸村はこの時点では、まだ徳川を二度にわたって撃退した「真田昌幸の息子」に過ぎなかったからです。

真田昌幸は確かに強かったが、その息子である幸村も本当に強いのか。みんな今ひとつ不安を感じていました。それでも、あの徳川を二度破った男の息子ということで、幸村は大坂城に迎え入れられました。

全体の指揮官になることはできなかった幸村ですが、出城（でじろ）の建設を進言し、許されます。その出城こそ「真田丸」です。

幸村は、この真田丸での奮戦によって、「日本一（ひのもといち）の兵（つわもの）」という戦国時代最高の武将の栄冠を得るのですが、それまでは、まったく未知数の立場だったのです。

しかし、幸村はむしろそれを逆手に取る作戦を立てます。

大坂城のような巨大な城を攻めるときは、秀吉が小田原征伐でやったように、大軍でビッシリ囲んで兵糧が尽きるのを待つ、というのが常道です。ですから、本来なら、大坂城のような巨大な城の攻防戦で、激戦が起こることはないのです。事実、小田原城のときは起きていません。

ところが大坂冬の陣では、真田丸で大激戦が起きています。

我々は、歴史を結果として見るので、「ああ、そういうものなんだな」と思いがちですが、そもそも巨城の攻防戦で、激戦になるはずはありません。その起きるはずのないことが起きたのです。

歴史を検証する場合は、まずこうしたことに疑問を感じ、「なぜ」その起きるはずのないことが起きたのか、ということを考えることが必要です。

この謎を解くためには、まず、**真田丸というのは「出丸」ではなく、「出城」だということの意味を理解する必要があります。**

出城というのは、城と切り離された砦のようなものです。

普通、城の構造は、天守（本丸）を中心に、それを囲むように二の丸、三の丸があるのですが、これらはすべて廊下などで繋がっており、そうした構造を「曲輪（くるわ）」と言います。城内がすべて繋がっているということは、どこか一部が攻められたとしても、城内からいくらでも人員を補給できるということです。

これに対し、出城は城内とは隔絶されているため、攻められた場合、そこに配属された兵だけで戦わなければなりません。

真田丸は出城でした。

このことが、どういう意味を持つかおわかりでしょうか。

実はこれ、「おいしい罠（わな）」になるのです。なぜなら、「これならうちの部隊でも落とせそうだな」と思わせるからです。実際、大坂冬の陣のときも、この幸村が仕掛けた一見「おいしそうな罠」にかかった大名が何人もいました。

後世「大坂冬の陣」と呼ばれるこの戦いが始まったのは、慶長十九年（一六一四）十一月一九日。家康は動員された大名の軍勢とともに大坂城をぐるりと取り囲みまし

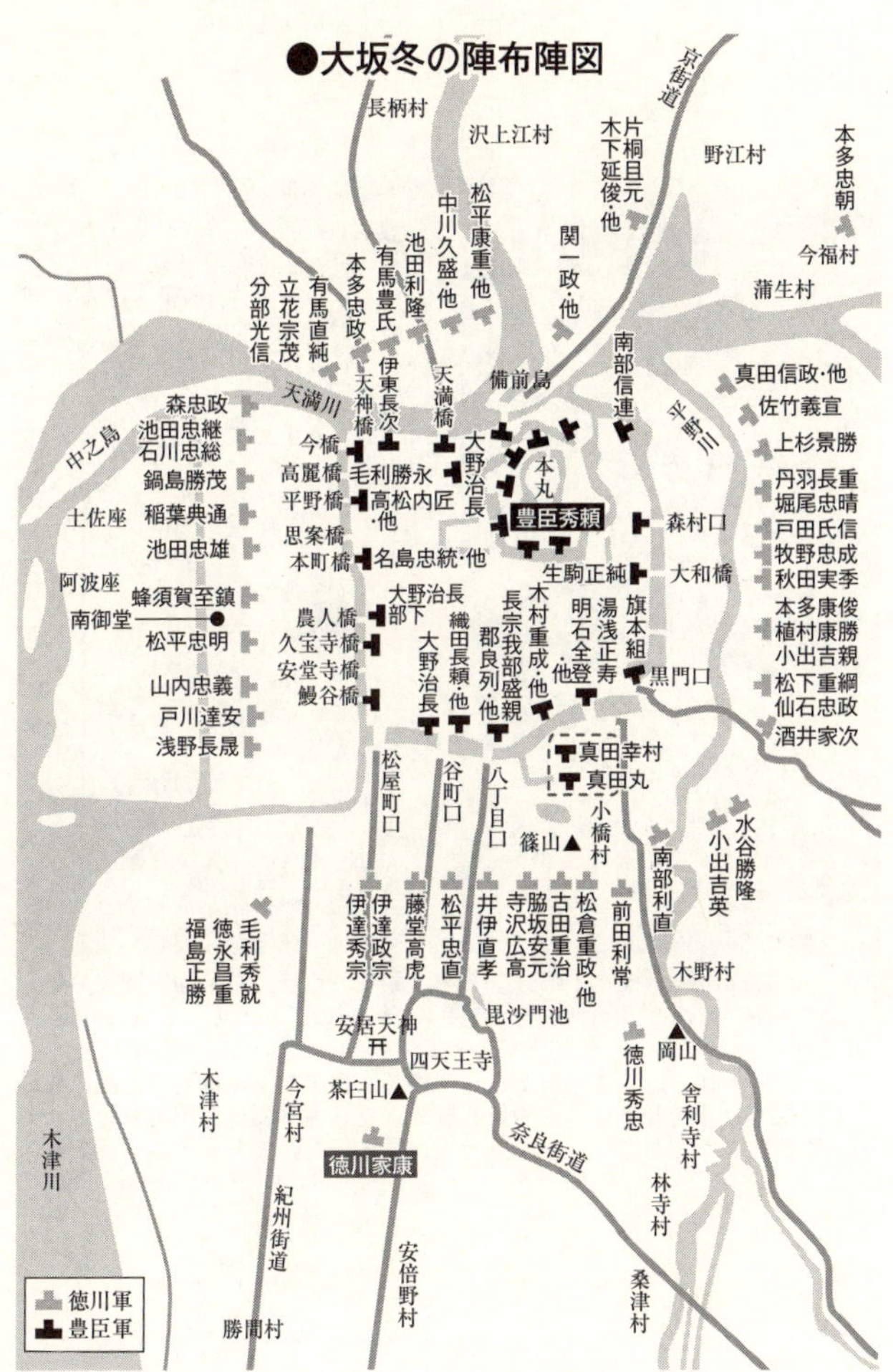
●大坂冬の陣布陣図
京街道
長柄村
沢上江村
片桐且元
木下延俊・他
野江村
本多忠朝
今福村
蒲生村
松平康重・他
中川久盛・他
関一政・他
池田利隆
有馬豊氏
本多忠政
有馬直純
立花宗茂
分部光信
伊東長次
天神橋
天満橋
備前島
南部信連
真田信政・他
佐竹義宣
上杉景勝
平野川
天満川
森忠政
池田忠継
石川忠総
鍋島勝茂
稲葉典通
池田忠雄
蜂須賀至鎮
松平忠明
山内忠義
戸川達安
浅野長晟
中之島
土佐座
阿波座
南御堂
今橋
高麗橋
平野橋
思案橋
本町橋
農人橋
久宝寺橋
安堂寺橋
鰻谷橋
毛利勝永
高松内匠・他
名島忠統・他
大野治長
本丸
豊臣秀頼
森村口
生駒正純
大和橋
丹羽長重
堀尾忠晴
戸田氏信
牧野忠成
秋田実季
本多康俊
植村康勝
小出吉親
松下重綱
仙石忠政
酒井家次
大野治長部下
大野治長
織田長頼・他
長宗我部盛親
郡良列・他
木村重成・他
明石全登・他
湯浅正寿
旗本組
黒門口
真田幸村
真田丸
松屋町口
谷町口
八丁目口
篠山
小橋村
水谷勝隆
小出吉英
南部利直
前田利常
毛利秀就
徳永昌重
福島正勝
伊達秀宗
伊達政宗
藤堂高虎
松平忠直
井伊直孝
寺沢広高
脇坂安元
古田重治
松倉重政・他
木野村
毘沙門池
安居天神
四天王寺
岡山
徳川秀忠
舎利寺村
茶臼山
今宮村
木津村
木津川
徳川家康
奈良街道
林寺村
紀州街道
安倍野村
桑津村
勝間村
徳川軍
豊臣軍

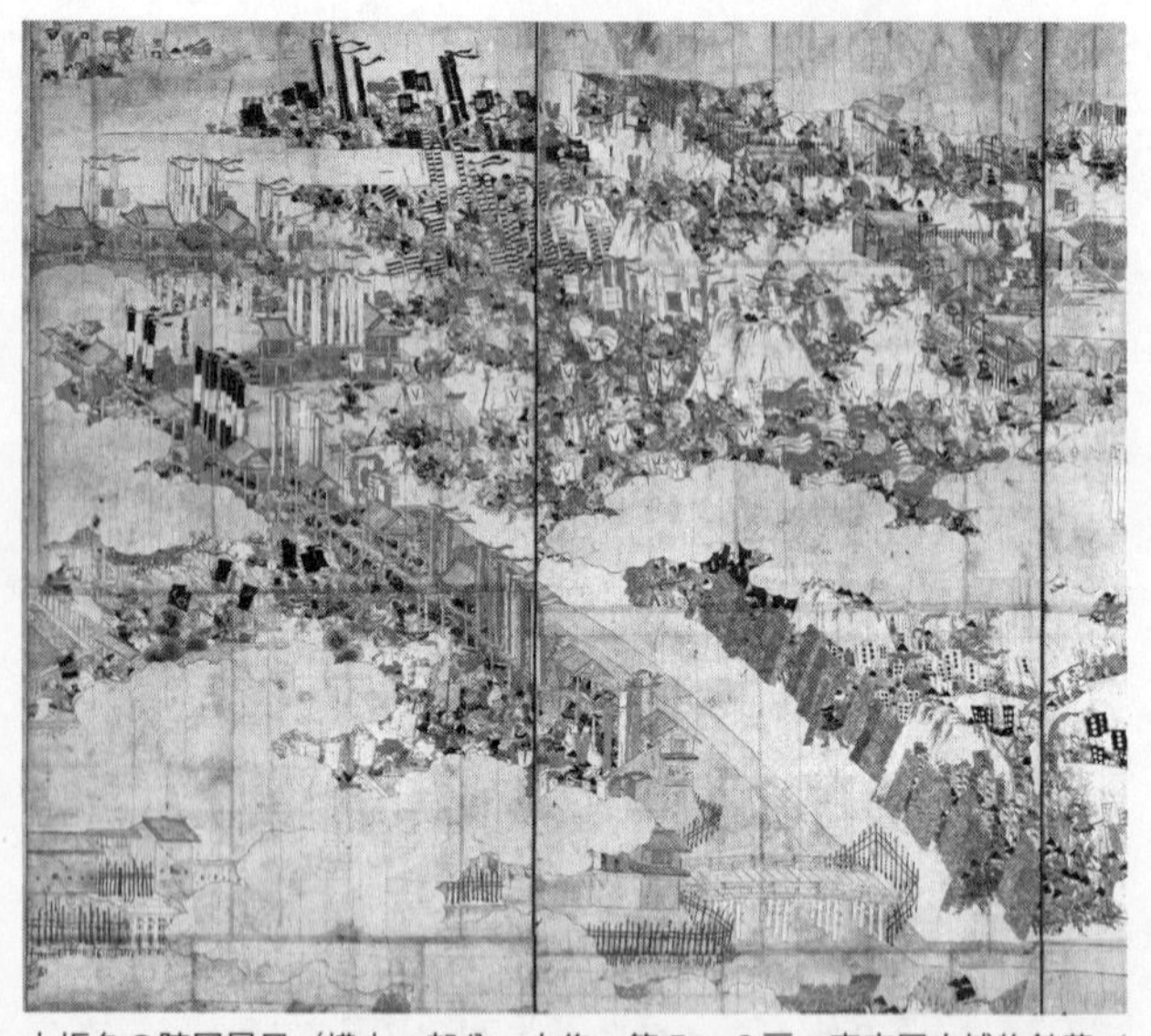

大坂冬の陣図屛風（模本・部分__右隻__第５・６扇。東京国立博物館蔵／Image: TNM Image Archives）。屛風に描かれた真田丸。左側に小さく「真田出丸」と書かれ、徳川方の兵が襲いかかっている。屛風では土塁上に塀が巡らされ、いくつか櫓が建っている。塀の内側には兵が自由に移動できる二段の「武者走り」が設けられていた。右下には徳川方が竹でつくった防御の盾で身を守りながら、大坂城に接近しようとする姿が描かれている。

た。

対する豊臣方は、大坂城付近の砦をすべて放棄、城内に結集して籠城戦の構えを見せました。大坂城内には兵糧も充分に揃っています。

兵力は徳川軍、豊臣軍ともに約一〇万。しかし、数は同じでも徳川方は統率された軍隊なのに対し、豊臣方は浪人ばかりの寄せ集め集団です。それでもさすがは城攻めの名人秀吉が心血を注いだ天下無双の名城・大坂城です。徳川方の総攻撃にも落ちる気配すらありませんでした。

普通なら、このあと徳川軍は無駄な攻撃をやめ、長期の兵糧攻めに移行していったはずでした。しかし、ふと見ると、大坂城の南の端に出城があります。

大坂城本体を攻めてもまったく効果がないことに焦った前田利常、松平忠直、井伊直孝らは、この出城「真田丸」を攻撃しました。

もちろん彼らには勝算がありました。「本隊と繋がってるならともかくここは出城で、それを守ってるのは、真田と言っても昌幸じゃなくて息子の信繁だ。しかも出城

Point

真田丸は「出丸」ではなく、「出城」だった。幸村の「罠」によって徳川方は大敗した！

といってもかき集めの約三〇〇〇の軍勢がわずかの期間で築いた安普請だ。これなら落とせる!」。そう、考えたはずです。しかも、うまくここを落とすことができれば、大坂城の一角を落としたという大手柄にもなります。

ところが、幸村にとって、そうした敵の動きは想定内のものでした。

徳川軍は、攻め手の動きを予測してつくられた、真田丸の落とし穴や枡形(ますがた)に誘い込まれ、充分引きつけられた後、鉄砲などによる強烈な攻撃を加えられました。威勢よく襲いかかった徳川軍は、真田丸を落とすどころか数千の被害者が出るなど大きな犠牲を払うことになってしまいました。

しかも真田丸はほとんど無傷の勝利ですから、この戦いは徳川方の大敗と言えます。真田丸の勝利は、まさに真田幸村の知略の勝利でした。

しかしその勝利も、結局は城方の人たちによって無駄に終わります。

◇豊臣家の運命を決めた講和

真田丸での大敗に、家康は慌てて「真田丸を攻めるな」と命じています。

そして、ここで家康は大坂城の攻め方を変えます。**城を攻めるのではなく、城の中にいる「女主人」を攻めることにした**のです。

具体的に言うと、淀殿の居場所めがけて大砲を何発も撃ち込んだのです。

家康としては脅して、淀殿を屈服させるつもりだったのだと思います。なぜならこの時代の大砲の弾というのは、現在のような爆薬の詰まった炸裂弾ではなく、単なる鉛の塊で、城に撃ち込んだとしても壁に穴を開ける程度の威力しか持っていなかったからです。

ところが、徳川方にとっては幸運なことに、豊臣軍にとっては不幸なことに、その大砲の弾の一つが淀殿の居間の梁に当たり、落ちてきた天井に押し潰されて淀殿の女中の何人かが圧死してしまったのです。

これを目の当たりにした淀殿は震え上がり、真田丸の戦いで、戦況自体は豊臣が優勢だったにもかかわらず、何が何でも講和するということになってしまったのです。

冷静に考えれば、大坂城はあれほどの巨城なのですから、大砲の弾が絶対に届かない安全な場所に淀殿と秀頼を移せばよかったのです。そうすれば講和などする必要はありませんでした。

もし講和を結ぶにしても、もっと冷静に時間をかけて臨んでいれば、もっといい条件で結ぶこともできたはずです。

しかし、大坂城内には淀殿を説得しつつ、講和を有利に運ぶことができる人間は一人もいませんでした。知将・真田幸村にも、淀殿を説得することはできなかった、もしくはその機会すら与えられなかったということです。

こうして大坂冬の陣は、淀殿の鶴の一声で、徳川方の望む条件で講和が結ばれることになったのです。

講和に際し、家康が出した条件は、一見するとそれほど厳しいものには見えませんでした。何しろ、豊臣家に味方した浪人たちは一切お構いなし。真田丸で徳川軍に多くの犠牲者を出した真田幸村も、なんの咎（とが）めも受けていないのです。

徳川が要求したのはただ一つ、おそれ多くも家康様が出陣してきたのだから、大坂城も少しはダメージを受けたという体裁を整えてほしい、ということでした。

実はこれは、戦国時代の講和にはよくある条件でした。要は、攻めてきた側のメンツを立てて、敢（あ）えて城の一部を壊してほしいというものなのです。つまり、これだけ攻められたから、やむを得ず講和を結んだのだ、と相手の顔を立てるやり方なのです。

これに対し豊臣方は、「それでは、外堀だけなら」と堀の一部を埋めることを了承するのですが、いざ作業が始まると、家康はあっという間に人を動員して、外堀だけでなく内堀まですべて埋め尽くしてしまったのです。このとき真田丸も当然の如（ごと）く壊されています。

大坂城の堀が埋められた瞬間、豊臣家の運命は決まりました。

なぜなら、大坂城が難攻不落の城だったのは、堀があればこそだったからです。

◇もし、大坂夏の陣で家康が討たれていたら……

和議が成立したのは慶長十九年（一六一四）十二月。秀忠の指揮の下、大坂城の堀は一カ月ほどですべて埋められてしまいました。こうして城が丸裸になると、家康はいったん兵をすべて引き上げています。

そのまま攻撃することもできたはずなのに、家康はここまできても「待った」のです。

このとき、もし豊臣方が降伏の使者を送り、淀殿を人質に差し出していたら……、結果はわかりませんが、**私は豊臣家が生き残った可能性はゼロではなかった**と思います。

しかし、豊臣家は降伏するどころか、春三月になると、壊された石垣や堀の修理を始めました。そして、弱った防衛力を強化するために、さらに浪人を雇い入れたのです。

家康は、すぐに浪人を解雇するか、秀頼の大和郡山への転封（てんぽう）を受け入れるか、どちらかを選ぶよう最後通牒を突きつけましたが、ここでも豊臣家はそのどちらも拒否したのでした。

家康が豊臣家を根絶やしにする覚悟を決めたのは、おそらくこのときだったのだと思います。「鳴かぬなら鳴くまで待とうホトトギス」という言葉で知られる家康ですが、さすがの家康ももう待てなかったということなのでしょう。

慶長二十年（一六一五）四月、豊臣家と徳川家の最後の戦い「大坂夏の陣」はこうして始まりました。

堀を失った大坂城では、もはや籠城はできません。豊臣方は、一発逆転のチャンスに賭けて野戦で戦うしかありません。豊臣方が目指したのは、かつて織田信長が桶狭間（おけはざま）の戦いで成功した、敵の大将の首を取るというものでした。

無謀な策だと思うかも知れませんが、まったく可能性がなかったわけではありません。事実、この計画はあと少しで成功するところまでいっています。

家康の陣に向かって突撃した真田幸村の猛攻に、家康の陣が耐えかね、後退しているのです。家康の陣というのは、若い頃三方ヶ原（みかたがはら）の戦いで武田信玄にやられて以来、一度も下がったことがないことで知られています。その家康の陣が、幸村の猛攻に危機を感じて退（しりぞ）いたのです。『耶蘇会日本年報（やそかいにほんねんぽう）』には、このとき家康が「一時切腹すら覚悟した」と記しています。本当にあと少しのところだったのです。

しかし、そこまででした。

結局、幸村は家康の首を取れず、疲労困憊（こんぱい）しているところを、徳川方の兵に討たれ

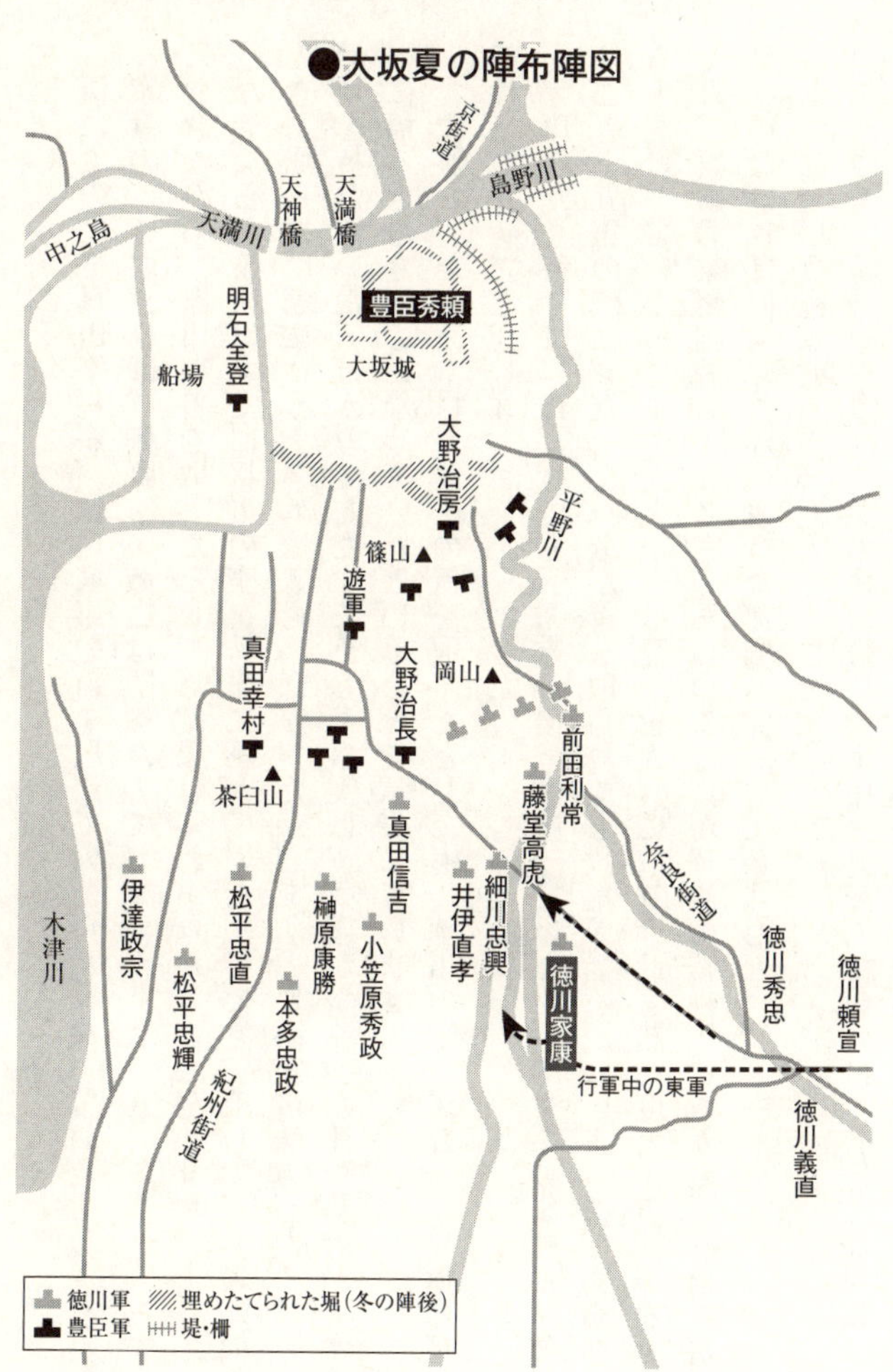
●大坂夏の陣布陣図
京街道
島野川
天神橋
天満橋
天満川
中之島
豊臣秀頼
大坂城
明石全登
船場
大野治房
平野川
篠山
遊軍
真田幸村
大野治長
岡山
茶臼山
前田利常
藤堂高虎
真田信吉
井伊直孝
細川忠興
奈良街道
伊達政宗
松平忠直
榊原康勝
小笠原秀政
本多忠政
松平忠輝
紀州街道
木津川
徳川家康
徳川秀忠
徳川頼宣
行軍中の東軍
徳川義直
徳川軍
豊臣軍
埋めたてられた堀(冬の陣後)
堤・柵

てしまいます。

仮にこのとき真田幸村が、徳川家康の首を取っていたらどうなっていたでしょう。家康の首を取れれば、豊臣家の滅亡は防げたのでしょうか。

残念ながら、家康の首を取ったとしても結果は変わらなかったと思います。なぜなら、家康はすでに将軍の座を秀忠に譲っていたからです。そして、冬の陣のときですら豊臣家に従う大名は一人もいなかったからです。豊臣家に味方したのは、領地を持たない浪人ばかりでした。こうした事実は、家康がつくった江戸幕府が、すでに揺るぎなきものになっていたということを示唆(しさ)しています。ですから、たとえ幸村が家康の首を取ったとしても、徳川の天下がひっくり返る可能性はなかったと思います。

家康はただ待っていただけでも、秀吉の後釜に座っていただけでもありません。彼はこの十五年の間に、たとえ自分が首を取られても政権が揺るがないように、あらゆる手を打っていたのです。大名からは妻子を人質に取り、武家諸法度(ぶけしょはっと)という法律をつくり、婚姻も家督相続も、大名家のあらゆる行為が幕府の監視下に置かれ、幕府の許可を得なければ何もできないような体制が完成していました。

すでに徳川政権は盤石(ばんじゃく)だったということです。

それでも、秀忠の正室は淀殿の妹なので、家康さえ死んでいれば、豊臣家を滅ぼすことまではしなかったのではないかと言う人もいますが、それは家康の死に方次第だと思います。もし、幸村が家康の首を討ち取ったのであればダメだったでしょう。なぜダメかというと、秀忠にとって豊臣が父の仇(かたき)になってしまうからです。この時代、父の仇を許すことは絶対にありません。たとえ妻同士が姉妹だったとしてもです。

しかし、**大坂冬の陣、夏の陣の前に家康が病死していたら、二代将軍・秀忠と豊臣家の間で、何らかの妥協が成立していた**かも知れません。

◇家康が天下を取れたのは長寿の賜(たまもの)

真田幸村率いる真田勢の壊滅をきっかけに、豊臣軍は総崩れとなり、徳川軍の城内侵入を許してしまいます。城内に入り込んだ徳川軍があちこちに火を放つと、天下の名城大坂城は瞬(また)く間に炎に包まれていきました。

このとき秀頼と淀殿は、大野治長に守られて、本丸の北側の焼け残った倉に隠れていました。ここで二人は祖父・家康のもとへ助命嘆願に赴いた、秀頼の正室・千姫(せん)からの「吉報」を待っていました。

家康は孫娘との再会を喜びましたが、秀頼と淀殿の助命は許しませんでした。倉の中で一晩「吉報」を待った秀頼と淀殿は、家康の命を受けた軍勢が倉を包囲したことで自らの運命を悟り、わずかに残った近習とともに自刃して果てました。

当時秀頼には一男一女、二人の子供がいました。この子供たちは千姫の子ではなく、千姫以前に秀頼が手をつけた女性の産んだ子供です。豊臣家を潰す以上その血筋は根絶やしにしなければならないと覚悟を決めていた家康は、女の子は千姫の養女として、鎌倉の東慶寺に入り尼となることを条件に一命を許しますが、八歳の男子・国松は、京都の六条河原で首を刎ねています。こうして豊臣家の血は完全に絶えたのです。

家康は、豊臣家を滅ぼした翌年の元和二年（一六一六）四月、かぞえで七十五歳で亡くなります。まさに人生を一〇〇パーセント使いきったと言える最期でした。

当時の七十代はかなりの長寿です。今の感覚で言えば九十歳ぐらいの感じでしょう。

家康が天下を取れた最大の要因は何かと問われたら、私はこの「長寿」こそ最大の要因だと答えます。

慶長五年（一六〇〇）に関ヶ原の戦いに勝ち、天下を手にしたとき、家康はかぞえで五十九歳でした。秀吉が亡くなったのはかぞえで六十二歳のときですから、多くの人が、家康の寿命もあと数年ほどだろうと思っていました。

口には出しませんでしたが、伊達政宗などは、家康よりもずっと若いこともあり、天下人への野心を胸に秘め、その時を待っていました。伊達政宗は、家康の六男・松

大坂夏の陣図屛風（部分。大阪城天守閣蔵）。５月７日の戦いを描いた屛風。黒田長政がつくらせたという。左上には五重で黒色の外壁に金の装飾があしらわれている大坂城天守が描かれ、南方より徳川方の大軍が押し寄せている。

四天王寺の鳥居の前面に、松平忠直隊に突入していく、赤で統一された真田隊が描かれている。

平忠輝を長女・五郎八姫の婿にしていますが、この忠輝というのは、家康とも秀忠とも仲が良くないのです。おそらく政宗は、そうした人間関係を承知の上で、いざとなったらこの婿を使い、天下に名乗りを上げるつもりで、敢えて娘を忠輝と娶せたのだと思います。

ところが、いつまで待っても家康は死にません。それどころか、彼よりずっと若い加藤清正や浅野幸長といった豊臣恩顧の大名が次々と亡くなっていきました。家康の天敵とも言える真田昌幸も家康より先に亡くなっています。

家康の晩年、慶長十年（一六〇五）から元和元年（一六一五）の十年間というのは、本当に多くの豊臣恩顧の大名が亡くなっています。生き残ったのは福島正則ぐらいではないでしょうか。

余りにも多いのでこれはただ事ではない、家康の手の者が暗殺したのではないのか、という噂が昔からあるぐらいです。

実際問題として、加藤清正や浅野幸長、真田昌幸などがあと十年長生きしていたら、家康は豊臣家を滅亡させることはできなかったかも知れません。滅亡させられたとしても、これほど簡単にはいかなかったでしょう。

同世代の武将の誰よりも長生きしたことが、家康が天下を掌握できた最大の要因だったということです。

◇信長が目指した「天下人」とは？

「天下人」という概念が世の中に広く使われるようになったのは、信長の時代からです。信長自身は少し不完全でしたが、秀吉と家康は名実ともに「天下人」と呼ばれるようになりました。

それまで存在しなかった「天下人」という言葉が信長の時代に使われるようになったのは、信長が目指したものが、それまでの権力者の枠に収まりきらなかったからです。

信長の考えていたことがいかに斬新なものだったかを知るためにも、ここで簡単に日本の権力者の推移をおさらいしておきましょう。

日本は古代に、伊勢神宮の祭神・天照大神の直系子孫でなければ天皇になれないという概念を確立しました。

これは今も変わらぬ日本の絶対的なルールです。

こうした概念は西洋にも中国にもありません。西洋のキングも、中国の皇帝も、王位を継ぐのが必ずしも血縁者である必要はありません。武力で倒して、新しい王朝を立てることができるのです。

しかし、日本ではそれは許されません。

そこで日本の権力者たちは、立場はともかく、政治の実権を握ることを目指すようになります。

最初に天皇の権力を奪ったのは藤原氏でした。**藤原氏が天皇の権力を奪うために考えたのが、「関白」というものでした。** 関白というのは官職ではなく地位です。官職のトップは太政大臣ですが、これは「臣」という字がつくことからもわかるように、あくまでも天皇の臣下です。それに対し関白というのは、敬称は殿下、つまり天皇と同等の権力を持つ準皇族なのです。そして藤原氏は、藤原氏の中でも限られた家の者しか関白になれないと定めることで、天皇から権力を奪い独占したのです。

次に台頭してきた武士は、これは貴族のやり方だということで、別のやり方を生み出します。それが「征夷大将軍」です。 これはもともと朝廷にあったもので、天皇の命を受けて異民族を征伐する官職なのですが、武士はそれを拡大解釈し、天皇から全権を委任された者としました。

討伐軍は基本的に都から遠く離れた土地で軍事行動を行うので、何かあったとしてもいちいち天皇の指示を仰ぐことができません。資金の調達も人員の補充も、必要に応じて現地で行わなければならないので、それに必要なさまざまな権限が委譲されます。

鎌倉幕府は、鎌倉という都から離れた土地に本拠を置くことで、将軍は本来は天皇にしか許されない徴税や土地所有の認可など、さまざまな権限を行使できるとしたのです。ちなみに「幕府」という名称も、遠征軍が遠征地で設営する仮設基地を語源としています。

ご存じのように、「幕府」創設当初は、その統治が及ぶのは東日本だけでした。西は朝廷が治めていたのです。そうした状況に不満を持った後鳥羽上皇が、朝廷による全国支配を目指して起こしたのが承久の乱です。

これが失敗したことで、幕府の支配領域は西日本にまで広がりました。つまり幕府による一元支配が成立したわけです。その後、一時、それを後醍醐天皇が崩したこともありましたが、結局、足利尊氏により室町幕府が成立し、幕府政治は続きました。織田信長が歴史に登場したのは、この足利幕府の末期です。

このように、織田信長の時点までは、支配体制は「朝廷」か「幕府」か、この二つしか存在しませんでした。そして権力を握る方法も、「関白」になるか、「将軍」になるか、この二つしかなかったのです。

そんなときに**信長は、それまでとはまったく異なるもの、それらを超えた「新しい地位」をつくろうとしたのだと思います。それこそが信長の考えた「天下人」でし**

た。

しかし、それを完成させる前に信長は本能寺の変で殺されてしまったので、その天下人の地位に名称はありません。それでも信長がやろうとしたことはわかっています。それは何かというと、「自己神格化」です。

◇なぜ、信長は自分を「神」にしようとしたのか

今から二十年ほど前、私は信長をテーマとしたあるシンポジウムで「信長は神になろうとしたんですよ」と言って、歴史学者の先生にバカ扱いされたことがあります。しかし、当時日本に来ていた、キリスト教の宣教師ルイス・フロイスという人物が書き残しているのです。信長は自分の誕生日を聖日と定め、人々に自分を礼拝させ、お賽銭まであげさせたと。

もちろんルイス・フロイスはキリスト教徒なので、信長というのはそうしたことをするとんでもない奴だ、という侮蔑した書き方ではあるのですが、その記述は具体性があり、信じていい内容だと私は思っています。

しかし歴史学者の先生は、ルイス・フロイスのこんな記述は間違いだろうと言って信じようとはしません。

ルイス・フロイスは確かにキリスト教徒の偏見で、物事を見ています。そのため、たとえば仏教徒が殺されたときに、「異教徒が殺された。嬉しいことだ」などと心ないことも書いています。こうした物事に対する彼の感想はともかく、事実描写という点においては、彼の記述はとても正確なのです。要するに彼は、見たとおりのことを書いているのです。

一部の学者にはバカにされましたが、あれからずっと、今も私は「信長は神になろうとしていた」と主張しています。

くじけることなくずっと言い続けたことによって、最近は小説家などいろいろな人が私の説を受け入れて書いてくれて、この説がだんだんと定着してきています。

ではなぜ、信長は神になろうとしたのでしょう。

先人たちのように関白や将軍になれば簡単に権力を掌握できるのに、信長は敢えてそれをやらずに、「天下人」になろうとしました。

とすれば、**信長が目指した「天下人」は、天皇と同格ではなく、天皇をも超える存在だった**のではないでしょうか。だとすれば、信長が天下人になるためには、何らかのかたちで天皇を超える存在にならなくてはなりません。

では、ここで考えてみてください。

天皇はなぜ絶対なのでしょう。

答えは「神の子孫だから」です。

ということは、信長がそれを超える存在になるためには、自分自身が神にならなければならない、ということになるのではないでしょうか。論理的に考えたら、それしか方法はないのです。「神の子孫であるから、俺たちは偉いんだぞ」と言う人に対抗するためには、「俺は神なんだ」と言うしかない、ということです。

信長には実はもう一つ、大きな敵がいました。それは本願寺です。

本願寺の顕如はなぜ強いのか。それは彼が阿弥陀如来の代理人だからです。

つまり、**信長は「仏の代理人」と「神の子孫」の二つを相手に、それらを超える存在としての「天下人」になる必要があった**のです。そしてそのためには、自分自身を神だと宣言するしかなかった、ということなのだと思います。

しかし、信長は「自己神格化」に失敗しました。

本能寺の変によって、志半ばで亡くなったということもありますが、だいたい新しいアイデアを考えた人というのは、失敗するものなのです。

誰もやったことがないことにチャレンジするわけですから、どうやっていいのかもわかりません。信長は取りあえずルイス・フロイスが書いているように、安土城下に「俺は乱世を治めた神だ。だから俺を崇拝しろ」と、命令を下しました。

しかし、いきなりそんなことを言われても、人々も「はい、そうですか」というわけにはいきません。

だから信長は失敗したのですが、実は、これを成功させた人がいるのです。

信長がやった突拍子もないことを実現させた人。それが徳川家康なのです。

◇信長は失敗し、秀吉は家康に潰された「自己神格化」

栃木県に日光東照宮という有名な神社があります。

観光地としても有名な所なので、行ったことがある人も多いと思いますが、あそこに行かれたとき、皆さんはどうしましたか。

普通の神社を参拝したときと同じように、社殿の前で柏手を打って、お賽銭をあげてお参りをしたのではないでしょうか。でも、あそこに祀られている神様は、天照大神のような神話に出てくる神様ではありません。「東照大権現」と称されますが、徳川家康という実在の人物なのです。

つまり、**徳川家康は神になることに成功した**ということです。

織田信長は失敗しました。織田信長を神として祀った神社も、あることはあります。京都市の北部、船岡山にある「建勲神社」です。しかしこれは、明治二年（一八六九）に、明治天皇が、織田信長ほどの偉大な人物を祀る社が、一つもないのはおかしいということでつくらせたものです。ですから、あるにはあるのですが、これ一つしかない以上、自己神格化に成功したとは言えません。

一方、東照宮は、日光のものが有名ですが、東京の上野にもありますし、最初に家康が葬られた久能山（静岡市）の他にも、実は北海道から中国地方まで各地にあり、しかもそれぞれの土地で信仰を集めているのです。

実は、秀吉も死後の一時期、神として祀られていたことがあるのですが、大坂夏の陣で豊臣家が滅ぼされたとき、秀吉を祀る神社も徳川家康によって廃絶されてしまったのです。

秀吉の「自己神格化」は次のような理論で行われました。

「私はもともと卑賤の出身だが、これまで百年近く乱れていた天下を治めることに成功した。このような偉業を成し遂げた人はいまだかつて一人もいなかった。だから私は神として祀られるべきだ」

当初秀吉は、「新八幡」として祀られることを望んでいました。

八幡神を祀った神社は全国にいっぱいありますが、八幡神というのは源氏の氏神で、もとをただせば、応神天皇だと言われています。明治以前の日本は神仏習合だったので、八幡神は仏教的な呼び方で「八幡大菩薩」とも呼ばれていました。

なぜ秀吉が「新八幡」として祀られることを望んだのかというと、八幡神が「武人の神様」だったからです。

それまで誰も成し遂げられなかった天下統一を成し遂げたのだから、自分はこの新しい世の武家の神様として遇されるべきだと思ったのでしょう。

信長のときよりは、だいぶ理路整然としていますが、それでもまだいろいろと準備不足があり、秀吉の新八幡計画はうまくいきませんでした。たぶん彼は、あの年齢で死ぬとは思っていなかったのだと思います。

それでも死後、周りの人間が、やはり秀吉様の功績は偉大だということで、朝廷に働きかけて、「大明神（だいみょうじん）」の称号をもらって祀ったのが、「豊国大明神（秀吉の神号（しんごう））」を祭神とする「豊国神社」でした。

現在、京都市の東山区に豊国神社がありますが、これは明治時代になってから再建されたものです。

Point

天下人となった家康は、信長が目指していた「神」になった！

◇なぜ、東海道の宿場は「五十三次」なのか

先人二人の天下人が失敗した「自己神格化」に家康は成功しました。

では、なぜ家康はうまくいったのでしょう。

それは、**信長も秀吉もつくり得なかった「神学」をつくったからです、つまり理屈づけに成功した**のでした。

秀吉の神号である「大明神」というのは、優れた功績を挙げた人を、神様として祀るべきだ、という考え方に基づくものです。

それに対して、家康のブレーンでもあった天台宗の僧侶・天海僧正は、家康公は新しい神道である山王一実神道の思想に基づき、「権現」として祀るべきだと主張したのです。

権現とは何かというと、仏教と神道が融合した思想なのですが、次のような考えに基づく神号です。

神は本来、天界にいて下界を見下ろしている存在です。

あるとき、神が下界を見下ろすと、下界は戦乱の巷となり、多くの庶民が苦しんでいた。神は苦しむ庶民を憐れみ、自ら人間の形を取って、この世に生まれ、乱世を治

めるという偉業をなされた。その神が人として現れたのが、家康様なのである。家康様は、お役目を果たされ、この世での生を終えられたけれど、それはいわゆる人間の死ではない。もとの神の座に戻られたのである。

これが「権現思想」です。

単純に、大きな功績を挙げた人だから神様に祀る、というのとは根本的な理屈が違います。なぜなら、大明神である秀吉はあくまでも「人」ですが、権現である家康は、もともと「神」だったということになるからです。

これがどれほど重大な意味を持つか、おわかりでしょうか。

家康がもともと神であったということは、家康の子孫である徳川将軍家は、神の子孫である、ということになるのです。

つまり、徳川将軍家が天皇家と同格になるのです。

こうして、**これまでは天照大神の子孫である天皇がこの世を治めていたけれど、これからは、「東照大権現」の子孫である将軍家がこの世を治めていく、**という徳川幕府への権威づけがなされているのです。

これがとてもよく考えられた神学であることは、家康の神号にはっきりと表れています。

天皇家の祖神が「アマテラス大神（天照大神）」なのに対し、将軍家の祖神となった家康の神号は「アズマテラス大権現（東照大権現）」なのは決して偶然ではありません。

アズマテラスからアズマテラスへの国譲り（くにゆず）という新たな神学が、完成したのです。

ちなみに東海道五十三次というのは、なぜ宿場の数を「五三」にしたのかというと、この世から観音様の住む浄土（じょうど）までの間に、五三の宿駅があるという伝説に基づいているのです。

つまり、**江戸という「今の都＝この世」と京都という「過去の都＝浄土」を結ぶ道ということを暗示している**のでしょう。

「江戸」という名前は、実はあまり縁起のいい名前ではありません。なぜなら「江戸（えど）」は汚れた世界を意味する「穢土（えど）」に通じるからです。

家康は、以前から「厭離穢土欣求浄土（おんりえどごんぐじょうど）」という言葉を旗印にしていました。これはもともと仏教の言葉で、「穢（けが）れたこの世で、美しき浄土を求める」という意味です。この言葉を掲げていた家康が、奇（く）しくも秀吉から封じられた土地が江戸だったのです。

信長以来、地名の変更は数多く行われているので、家康も江戸というあまり縁起の良くない名前を変えてもよかったのですが、家康は敢えて改めませんでした。

日光東照宮陽明門（栃木県日光市）。日光東照宮は徳川家康を神格化した東照大権現を祀った神社。現在の社殿群のほとんどは、３代将軍・家光のときの「寛永の大造替」で建て替えたものである。

そして、自らの政権の所在地も江戸と定め、そこから五三の宿場を経てたどり着くのが京都なのです。

京都は浄土ということになります。浄土と言うと聞こえはいいですが、要は「あの世」ということです。つまり、**天皇の都である京都は、もはや過去の世界だという意味が、この東海道五十三次には込められていると考えられるのです。**

現実の政権としても盤石な体制を築き上げた家康は、徳川家の権威を盤石なものとする神学も完成させていたということです。

◇信長・秀吉・家康の三英傑が目指したものとは?

私は、こうした家康の政権の盤石さは、信長、秀吉、家康という三段階で考えなければ理解できないと思っています。

信長は、斬新なアイデアで新しい価値観を生み出したパイオニアでしたが、その実現には失敗しました。

それを見ていた秀吉は、形の上では天下統一にも自己神格化にも一応成功したのですが、それは一代限りの永続性のないものでした。

そうした二人の先人の失敗があったからこそ、家康は政権の確立にも自己神格化にも成功することができたのです。

これは政権の確立と自己神格化だけでなく、この三人の英傑が取り組んだ事業のあらゆるところで見ることができます。たとえば、宗教勢力の武装解除。これも先鞭をつけたのは信長です。でも、彼はこれを成し遂げることは叶わず、秀吉が引き継ぎ、最終的には家康が完成させています。

そういう意味では、家康の偉業はすべて、信長と秀吉という二人の先人がいたからこそ成しえたものなのです。

十九世紀後半のドイツにオットー・リリエンタールという人がいました。

今、その名前を知る人はあまりいませんが、彼は何をした人なのかというと、世界で初めて自分の背中に羽をつけて、崖の上から飛行を試みた人なのです。

彼は何度も崖からの飛行を試みて、ついに成功することなく、最後は転落死しています。

今、彼の行為を無謀だとバカにすることは簡単ですが、彼が「できるはずだ」と信じてやったことによって、人類は「空を飛ぶ可能性」に気づき、その方法を真剣に考えるようになり、それがライト兄弟の成功を経て、現在の飛行機産業に繋がっているのです。

つまり天才というのは、それまで誰もやったことがないことを、思いつき、取りあえずやってみる人のことなのです。

そういう意味では、信長はまさに天才でした。ただし、天才はあまりにも突拍子もないことを思いつくが故(ゆえ)に、だいたいが失敗するのです。信長も失敗しました。

でも、その失敗があったからこそ、まさに信長に対しての家康のように、失敗の原因を考え、それを一つ一つクリアしていくことで、アイデアを実現させる人が現れるのです。

家康は、信長と秀吉の失敗に学びました。

学んで江戸二百七十年の泰平の基礎を築きましたが、もしもパイオニアである信長がそれを見たら、やはり「俺が考えていた天下はこんなものじゃない」と不満を言ったと思います。

「関白になる」「将軍になる」という既存の方法で築き上げられた天下に対する不満です。秀吉も家康も、既存の方法を超えるものをつくり出すことは、ついにできなかったのです。

信長が目指していたのは、あくまでも天皇を超える存在になることだったと思います。

もし信長が生きていたら、きっと家康にこう言ったでしょう。

「家康よ、おまえのやり方ではダメだ。将軍様だと言うが、それは天皇家から任命されるものじゃないか。東照大権現になって、アマテラスと同格だと言うが、結局、東照大権現という神号も天皇からもらっているじゃないか。

そのやり方では、結局は天皇より下だということになってしまう。本当の天下人というのは、天皇を超えなければダメなんだ」

家康の反論もわかります。

「兄貴、そうは言うが、それは無理だ。そこまでやったら、人心がついてこないよ」

これも事実でしょう。

神様として認められるにも、それなりの権威づけが必要だからです。

そういう意味では、どうすれば信長の目指した天下人になれたのかはわかりませんが、**天皇家という存在をついに超えられなかったことが、幕末の尊王攘夷（そんのうじょうい）運動、王政復古、そして徳川幕府の崩壊に繋がった**ことも、やはり事実なのです。

第五章のまとめ

- 家康は将軍の位を秀忠に譲ることで、その地位は、徳川家が代々世襲していくということを天下に示したのです。
- 方広寺の鐘銘事件は、秀頼親子に対し、「臣従するか戦うか、二つに一つを選べ」という家康の最後通告だったのかも知れないのです。
- 真田信繁が大坂に入城したのを機に、「信繁」という名前を捨て、「幸村」あるいは「幸〇」という名に改めたと確信しています。
- なぜ、真田丸で激戦が起きたのか。この謎を解くためには、まず、真田丸というのは「出丸」ではなく、「出城」だと理解する必要があります。
- 家康が天下を取れた最大の要因は何かと問われたら、私は彼の「長寿」こそ最大の要因だと答えます。
- 信長が考えた「自己神格化」という突拍子もないことを実現させた人。それが徳川家康なのです。

文庫版のためのあとがき

今改めて見直してみると補足すべき事項がある。

その第一は秀吉がなぜ「朝鮮侵略（実際は中国への侵攻計画）」に踏み切ったかという部分である。その理由は本文に書いた通り、平和を達成することによって専業兵士が余ってしまったため、彼らの雇用を「創出」し、合わせて新領地の獲得によって子飼いの加藤清正（きよまさ）や小西行長（こにしゆきなが）を徳川家康に対抗できる大大名にしようとしたことだが、もう一つ重大な要因がある。

それは本文二〇九ページで簡単に触れたが、もともとヨーロッパの小国ながら、世界に大貿易圏を築くことによって一大海洋帝国を築いたスペインやポルトガルを見習って、アジアに大貿易圏を築くことである。通常ならそれは中国（明（みん））がやっているはずのことだが、実は明は国が貿易で稼ぐことを一切禁止していたのである。

「もったいない」とあなたは思うだろう。もちろん、秀吉もそう思った。だから明を攻略しようとしたのである。ではなぜ明は貿易を禁止していたのか。それは一言で説明すれば「朱子学」という一種の宗教のせいなのだが、短い文章で理解してもらうのは極めて難しいので、興味のある方は『コミック版 逆説の日本史 戦国三英傑編』(小学館)を見ていただきたい。

また読者の中には「もし関ヶ原の戦いが一日で終わらなかったら、いったいどういうことになったのだろう?」という疑問を抱く人もいるだろう。その疑問に対する一つの回答として私は『もし関ヶ原の戦いが1年続いたら伊達政宗が天下を統一した』(宝島社)を書いた。これはいわゆるシミュレーションで現実の歴史とは違うが、それぞれの「分岐点」でまったく別の可能性を考えてみることが、歴史を見る目を磨くことになる。これは歴史好きな人にぜひともお薦めしたい方法である。

二〇一九年十一月

井沢元彦

著者紹介
井沢元彦（いざわ　もとひこ）
作家。1954年、愛知県名古屋市生まれ。早稲田大学法学部卒業。ＴＢＳ報道局（政治部）の記者時代に、『猿丸幻視行』で第26回江戸川乱歩賞を受賞。退社後、執筆活動に専念する。「週刊ポスト」にて連載中の『逆説の日本史』は、ベスト＆ロングセラーとなっている。
主な著書に「逆説の日本史」「逆説の世界史」シリーズ（以上、小学館）、「動乱の日本史」シリーズ（角川文庫）のほか、『世界の裏側がわかる宗教集中講座』（徳間文庫）、『「誤解」の日本史』『学校では教えてくれない日本史の授業』『学校では教えてくれない日本史の授業 天皇論』『学校では教えてくれない日本史の授業 悪人英雄論』『学校では教えてくれない戦国史の授業』『ザ・日本史推理』（以上、ＰＨＰ文庫）、『学校では教えてくれない江戸・幕末史の授業』（ＰＨＰエディターズ・グループ）などがある。

本書は、2017年11月にＰＨＰエディターズ・グループから刊行された『学校では教えてくれない戦国史の授業 秀吉・家康 天下統一の謎』を改題し、加筆・修正したものです。

PHP文庫　学校では教えてくれない戦国史の授業
裏切りの秀吉 誤算の家康

2019年12月13日　第1版第1刷

著　者	井　沢　元　彦
発行者	後　藤　淳　一
発行所	株式会社PHP研究所

東京本部　〒135-8137　江東区豊洲5-6-52
PHP文庫出版部　☎03-3520-9617(編集)
普及部　☎03-3520-9630(販売)
京都本部　〒601-8411　京都市南区西九条北ノ内町11

PHP INTERFACE	https://www.php.co.jp/
編集協力	株式会社PHPエディターズ・グループ
組　版	有限会社エヴリ・シンク
印刷所 製本所	図書印刷株式会社

 ISBN978-4-569-76987-5